KB008239

골프로 인생을 설계할 수 있다면

골프로 인생을 설계할 수 있다면

LIVING MY LIFE THROUGH GOLF

오상준 지음

시간여행

골프가 나를
일으켜 세우다

골프 코스는 인생과 같다. 어느 하나 만만하고 쉬운 코스는 없으며, 코스의 선택과 공략법은 본인의 몫이다. 인생살이도 마찬가지다. 학교, 직업, 친구, 동반자를 선택하는 것과 삶의 방식은 전적으로 나에게 달려 있다. 한 가지 다른 점이 있다면, 인생에서는 과거를 되돌려 다시 시작할 수 없지만, 한 번 방문했던 골프코스는 다시 찾을 수 있다. 그러나 다시 찾은 코스에서도 자연이 주는 변수와 플레이어의 몸 상태는 같을 수 없다. 결국 골프나 인생이나 똑같은 경험을 할 수는 없는 것이다.

한국 사회에서 어느 분야건 혼자만의 힘으로 개척해 나가는 건 쉽지 않다. 그래서 골프의 박세리 선수, 야구의 박찬호 선수 그리고 최근 오스카 4관왕에 빛나는 〈기생충〉의 봉준호 감독에게 따라오는 '최초', '유일'이라는 수식어는 단어 이상의 의미가 있다. 아무도 다다르지 못한 곳에 첫발을 내딛고 성공한다는 것은 자신만이 기억하는 무수한 시행착오 끝에 가능하기 때문이다.

흔히 골프와 인생을 빗대어 말하곤 한다. 나의 인생도 여러 번의 실패와 성공의 변곡점들이 있었고, 그때마다 골프가 날 일으켜 세웠다. 골프로 만난 사람들에게서 힘을 얻었고, 골프를 통해 새로운 기회를 개척해 왔다. 그렇게 골프와 함께한 지 20년. 드디어 차근차근 쌓아 온 경력을 인정받는 순간이 왔다. 2019년 9월, 역사적으로 권위 있는 미국 〈GOLF 매거진〉의 세계 100대 코스를 선정하는 전 세계 80명 위원 중 한국에서는 유일하게 내가 임명되었다. 20년 동안 포기하지 않고 걸어온 골프 외길 인생에 대한 보상과도 같은 선물이었다. 더욱 넓은 세상으로 나갈 기회이자, 한국 골프 문화의 지평을 넓힐 기회라고 생각했다. 하지만 이후 모든 일이 순조로운 건 아니었다. 신은 자칫 현실에 안주할 수도 있는 내게 채찍질로 앞으로 나아가라고 엄하게 꾸짖었다. 그래서 이 책을 쓰게 되었다. 아직은 끝나지 않은 인생이란 항해에서 나는 또 한 번의 폭풍우를 견뎌 내고 평온한 바다로 나아갈 것이다.

"인간은 비록 파괴될 수 있다 하더라도, 그것이 패배를 의미하는 것은 아니다. 그에게 일어설 힘이 남아 있다면, 끝까지 싸울 수 있을 것이다."_헤밍웨이

A man can be destroyed but not defeated. If he can stand, he can still fight.

Contents

Round
1

골프가 준 인생 역전의 기회

○○
오랜 인연의
시작

Rockleigh Golf Course 락클리 골프코스

"준, 미안하지만 내일부터 회사에 안 나와도 되겠어."

모두가 컴퓨터 스크린을 뚫어지게 응시하며 미친 듯이 마우스를 클릭하고 있는 사이로 아무도 모르게 짐을 싸 조용히 나왔다. 회사가 사활을 건 프로젝트를 해결하기 위해 신참 디자이너가 1년 동안 밤낮으로 헌신했던 사무실에서 1순위로 가볍게 정리해고된 날이다.

"그동안 고마웠어. 연락하고 지내자."라는 인사를 남기고 떠나는 것조차 내 자존심은 허락하지 않았다.

우여곡절 끝에 소호뉴욕 맨해튼 남부 지역의 작은 건축사무소에 다시 취직했고 취업비자를 신청했다. 하지만 그마저도 9.11 테러 여파로 외국인의 비자 취득이 극도로 힘들어진 상황이었다. 하루하루가 버티기 힘들었고 모든 걸 포기하고 고국으로 돌아가고 싶은 마음으로 가득했다.

답답한 마음에 열어 본 옷장에서 물건 하나가 눈에 띄었다. 먼지가 뽀얗게 앉은 골

프백과 상처 가득한 토미 아머 아이언세트. 아버지가 오래 전에 물려준 골프채였다. 주말에 그걸 메고 무작정 가장 가까운 뉴저지 퍼블릭 코스로 향했다. 어디서 뭘 해야 하는지도 몰랐던 나는 우선 프로샵에서 25불짜리 티타임을 샀다. 처음 만난 백인들과 지극히 형식적인 인사를 나누고 미국에서 첫 티 샷을 날렸던 그날, 골프와의 인연이 그렇게 시작됐다.

당시 내가 살던 미국 뉴저지주 버겐 카운티에는 총 5개의 퍼블릭 골프코스가 있었다. 지역 주민의 복지 시설인 카운티 골프코스는 동네 주민은 2, 3만 원 정도, 시니어는 만 원 미만의 그린피만 내면 골프를 즐길 수 있었다. 골프에 필요한 최소한의 시설만 갖추고 있어 라커나 샤워 시설이 부족했지만 불평하는 사람은 없었다. 그래서 옥외 주차장에서는 자동차 범퍼에 걸터앉아 낡은 골프화를 신고 있는 골퍼들을 종종 볼 수 있었다. 이곳에 오는 골퍼들은 보통 비싼 컨트리클럽 멤버십을 부담할 수 없는 지극히 평범한 사람과 시니어들이다. 1번 홀 티에서 처음 본 이들과 그룹을 이루어 나가곤 했는데, 지금 생각해 보면 미국 생활 중 가장 다양한 계층의 사람을 만날 수 있던 기회였다. 주말이면 뉴욕의 답답한 사무실을 벗어나 퍼블릭 코스에 가는 것이 당시 나를 버티게 해 준 유일한 취미이자 탈출구였다.

5개 코스 중 가성비가 가장 좋은 코스에 자주 갔다. 활주로처럼 편평하고 탁 트인 코스보다는 적당한 굴곡과 해저드Hazard[1], 오르막과 내리막, 도그레그Dogleg[2]가 섞여 있는 코스가 내 발길을 주로 이끌었다. 그중 하나가 1946년 팔리세이드 산기슭에 세워진 락클리 골프코스이다.

락클리에서 만난 사람들 중엔 라운딩 도중 숲으로 사라져 버린 중년의 골퍼도 있었고, 247m짜리 파4홀 포대그린[3]을 드라이버 샷으로 한 번에 올려 날 놀라게 한 고등학생도 있었다. 지금 생각해 보면 그 중년의 신사는 첫 홀부터 우왕좌왕하다가 결국 공

---

[1] 골프코스 안에 설치한 벙커(모래밭)나 연못, 개울과 같은 장애물
[2] 페어웨이의 진행 방향이 휘어진 홀, 개의 뒷다리처럼 휘어졌다고 해서 붙여진 이름
[3] 페어웨이와 주변보다 높이 위치한 그린, Turtle back green이라고도 한다.

찾기를 포기하고 내게 말도 하지 않고 집으로 간 것 같다.(럭클리에서 곰에 쫓겨간 골퍼의 실종 소식은 없었으니 말이다.) 이런 다양한 만남 중 그때의 추억을 떠올리면 가슴 따뜻해지고 다시금 열심히 살아갈 용기를 준 사람들이 있다.

어느 한가로웠던 토요일 아침, 1번 티잉 그라운드에서 날 기다리던 이들은 자그마한 체구의 한인 노부부와 그들의 친구인 할아버지 한 분이었다. 그 분들은 30대 초반에 미국으로 이민 와서 뉴저지에 사신 지 20여 년이 훌쩍 넘었다고 한다. 세월의 흔적이 묻어 있는 외모와 목소리에서 마치 전부터 잘 알고 지낸 동네 할아버지 같은 친근함이 느껴졌다. 할아버지는 함께 온 친구와 홀당 1달러짜리 내기를 하며 농담 반 진담 반으로 티격태격했다. 그 모습이 무척 재밌었다. 세 분 중에 아웃 오브 바운드Out of bounds[4] 한 번 없이 페어웨이 가운데로만 걸었던 최고의 골퍼는 놀랍게도 할머니였다. 군더더기 하나 없이 간결하고 우아한 스윙에 완벽한 마무리까지, 두 할아버지의 엉거주춤 스윙에 비하면 그야말로 군계일학이었다. 할머니는 수동카트에 골프백 외에도 자그마한 아이스박스까지 매달고 활기차게 걸었다. 홀이 끝날 무렵 내게, "총각, 이거 한번 먹어 봐." 하며 아이스박스에서 손수 만든 김밥과 만두 그리고 삶은 계란을 건넸다. "타지 생활하기 많이 힘들 텐데 잘 챙겨 먹어야 해." 할머니의 말에서 영락없는 내 어머니의 모습이 느껴졌다.

20년이 지난 지금도 그 분들이 내 기억에 선명하게 남아 있다. 여전히 정정한 모습으로 골프채를 벗 삼아 럭클리를 걷고 계시길 바라며 나의 골프 이야기를 시작하려 한다.

샷이 골프장의 플레이 지역을 벗어난 것

01

자신을 이기는 것
이상의 승리는 없다

|

Royce Brook Golf Club 로이스 브룩 골프 클럽

2001년 12월 24일 오후 4시, 칼바람이 얼굴을 할퀴고 지나간다. 뺨이 얼얼함을 잊은 지는 이미 한 시간이 지났다. 황량한 들판에 생명체라고는 이파리 하나 남지 않은 앙 상한 활엽수와 거뭇거뭇한 상록수뿐이다. 지저귀는 새 한 마리조차 없다. 정해진 루트 를 앞으로 두 시간은 더 걸어야 목적을 달성할 수 있다. 발을 디딜 때마다 스파이크 밑 으로 느껴지는 바닥은 냉동고 속에서 꺼낸 스테이크 덩어리처럼 단단했다. 장갑 덕분 에 동상은 겨우 면할 정도였지만 두 손은 꽁꽁 얼어 있었다.

'나는 이곳에서 무엇을 찾고 있는가?'

크리스마스 전날 오후 골프장에 나타난 나를 프로샵 여직원은 형식적인 "헬로우"란 인사도 없이 "지금 밖에 아무도 없는 거 아시죠?" 하며 손가락으로 카운터를 두드린다. 이 말에 대답 대신 머쓱하게 "혼자니까 오래 걸리진 않을 거예요."라는 말을 남긴 채, 바람조차도 막아선 프로샵 문을 힘겹게 열고 1번 티로 향했다.

혼자서 골프를 쳐 본 사람만이 경험할 수 있는 것이 있다. 그건 홀로 등반을 하거나 여행할 때 느끼는 감정과는 다르다. 작고 하얀 골프공과 나. 골프장에서는 이 둘만 존

재한다. 그래서 골프에서는 '자신을 이기는 것 이상의 승리는 없다'라고 말한다.

　'진정 나를 극복하기 위해서 이곳에 온 걸까? 과연 난 오늘 이곳에서 무엇을 얻어 갈 것인가?'

　뉴저지 로이스 브룩은 골프의 신으로부터 크리스마스 선물을 기대하기에 가장 부적절한 코스이다. 왜냐하면 이곳에는 골퍼의 발목을 낚아채는 듯한 덫과 같은 벙커들이 1번 홀 오른쪽 러프에 가득하기 때문이다. 그때만 해도 골프코스 설계자가 뭔지도 몰랐고, 이 코스의 설계자가 벙커링Bunkering[1]으로 유명한 '스티브 스마이어'라는 사람인지는 알 턱이 없었다.

　햇볕 한 줌 없는 영하 15도 벌판에서 겹겹이 끼어 입어 에스키모 같은 몸뚱이로 제대로 된 스윙을 하기란 힘들다. 그럭저럭 180m 정도 날려 보낸 드라이버 샷이 페어웨이 위를 굴러 하염없이 앞으로 나가는 광경을 보며 기뻐할 여유도 없다. 겁 없이 빼어든 60도 웨지Wedge[2]로 페어웨이 위에 멈춰 있는 골프공을 얇게 쳤을 때도 손목에 찌릿한 통증을 느끼기보다 러프로 사라져 버린 공을 찾기에 급급하다. 이곳에서 비로소 골프코스에서도 선택의 기로가 분명한 홀, 더 많이 질러 갈수록 다음 번 샷이 수월해지는 홀이 있다는 일종의 코스 매니지먼트를 처음 경험했다. 삶에서도 이런 매니지먼트가 필요하지만, 골프와 삶이 모두 잘 풀리는 경우는 극소수의 능력자나 행운아를 제외하면 드물 것이다. 지금 나는 둘 다 엉망인 것 같았다. 아니 엉망임이 너무도 분명하다.

　9홀을 돌고 나서 시계를 보니 벌써 한 시간 반이 훌쩍 넘었다. 해가 지기 전에 18홀을 끝내려면 지체할 시간이 없다.

　후반 9홀은 마술과 같았다. 고질적인 슬라이스Slice[3] 한 번 없었고, 어설픈 스윙에 머리를 얻어맞은 공이 홀 컵에 붙기가 한두 번이 아니었다. 마지막 홀에서 매번 티 샷Tee

---

1　벙커를 설계하는 방식
2　아이언 중 가장 짧은 채 중 하나. 주로 짧고 높은 탄도의 샷을 할 때 사용
3　스핀으로 인해 우측으로 지나치게 휘는 샷

shot⁴을 집어삼키던 왼쪽 러프로 향한 공을 찾아 들어갔다. 가장 좋은 라이^{Lie 5}에 놓여 있는 내 공 주위로 박스에서 갓 꺼낸 듯한 로스트볼이 널려 있는 게 아닌가. 골프의 신이 다음 번 전투를 위해 내게 준 크리스마스 선물이었을까? 갈대숲 같은 러프에서 어프로치 샷^{Approach shot 6}을 앞두고 하루를 돌아본다. 스코어 카드를 꺼내 기입할 수조차 없었던 한겨울의 라운드. 경직된 두뇌로 한 홀 한 홀 복기해 보았다. 이런 세상에, 이번 홀을 파로 막으면 난생처음 79타를 치게 된다. 긴 호흡 후 7번 아이언을 꺼내 들고 갈대숲 너머 석양을 배경으로 어슴푸레 보이는 깃대를 향해 회심의 샷을 날린다.

4 홀을 시작할 때 가장 처음 치는 샷
5 볼이 놓여 있는 상태를 표현하는 골프 용어
6 그린에 올리기 위한 샷

결국 오늘도 80다를 깨지 못했다. 세라비 C'est la vie: 인생이란 그런 거야!. 아마도 이런 게 골프이고 인생인가 보다. 가지 말라고 막아서는 바람 사이로 힘겹게 프로샵 문을 열고 들어선다. 이미 오래 전에 히터를 껐는지 프로샵 안은 썰렁했다. 입장할 때 날 맞이한 여직원의 얼굴에서 짜증인지 동정인지 모를 묘한 표정이 보였다.

"메리 크리스마스. 다음 주에 봐요."

이 말을 남기고 어둠이 짙게 깔린 주차장으로 향했다. 내 머릿속은 벌써 다음번 라운딩에서 18번 홀을 어떻게 공략할지 전략을 세우느라 분주했다.

02

멈춰 있는 자에게
기회는 오지 않는다

|

Pinehurst Golf Resort 파인허스트 골프 리조트

2002년 5월의 어느 저녁, 고국에선 한일 월드컵 준비로 떠들썩했던 그즈음 건축대학원 선배 부부를 집으로 초대해 조촐하게 저녁 식사를 했다. 평소 내가 만든 음식에 칭찬을 아끼지 않던 형수는 그날도 이탈리안 비프스튜와 바지락 토마토 소스 파스타를 맛있게 먹어 주었다. 평소 물심양면으로 도와준 선배 부부를 위해 내가 할 수 있는 건 가끔 음식을 대접하거나 골프 레슨을 해 주는 정도였다. 식사를 하며 한일 월드컵 얘기로 한참을 떠들다가 자연스레 골프 얘기가 나왔다. 영민 선배는 대학원 졸업 후 수년간 맨해튼의 대형 건축사무소에서 굵직굵직한 디자인 프로젝트를 담당했고, 이후 독립해 뉴저지에 주택을 직접 디자인하고 건설까지 하는 '디자인 빌드' 회사를 운영하고 있었다. 또한 한국의 유명 라이프 스타일 잡지에 '세계의 건축'이라는 기사를 연재하는 그야말로 팔방미남이었다. 내가 가 본 뉴저지 퍼블릭 코스 얘기를 하다가 문득 엉뚱한 제안을 했다. "형, 오뜨(잡지 이름)에 디자이너의 눈으로 본 미국의 골프코스라는 칼럼을 써 보면 어떨까?" 그때 형은 언제나처럼 환하게 웃으며, "그래! 그거 정말 좋은 생각이다. 내가 아는 분에게 전화해 볼게." 하며 그 자리에서 국제전화로 잡지사 편

캘리포니아주 하프문베이 골프링스 © Half Moon Bay Golf Resort

집장과 나를 연결시켜 줬다. 편집장이 칼럼 연재를 수락했고, 그렇게 거짓말처럼 꿈에서나 그리던 미 대륙 답사의 대장정에 들어갔다.

    미국은 세계 최고의 골프 리조트 국가이다. 대도시에서 조금만 벗어나면 수많은 다양한 골프 리조트가 도심 생활에 지친 골퍼들을 유혹한다. 뉴욕주 아래 펜실베이니아로 시작해 버지니아, 노스 & 사우스 캐롤라이나, 조지아와 플로리다주에 그림 같은 리조트가 있고, 시카고 근교엔 오대호를 끼고 위스콘신과 미시건주에 영화에 나올 법한 멋진 리조트가 휴가철 방문객을 기다린다. 서부에는 캘리포니아 몬터레이 반도의 해안 절벽 위에 태평양을 배경으로 세계 최고의 골프 리조트들이 세워졌다. 겨울에는 따뜻한 기후와 이국적인 풍경을 원하는 도시인들이 애리조나주 사막에 세워진 골프 리

조지아주 레이놀즈 플랜테이션 © Reynolds Plantation

조트로 날아간다. 여름에는 폭염을 피해 로키산맥이 관통하는 콜로라도, 와이오밍, 유타주의 해발 1,900m에 위치한 마운틴 리조트나 태평안 연안 북서부의 오리건주와 워싱턴주의 해안 리조트들을 찾는다. 천혜의 자연을 배경으로 이렇게 다양한 리조트가 넘치다 보니, 이런 곳을 한국에 소개하고 싶은 욕심이 생겼다. 평소 인터넷으로 여러 리조트 홈페이지를 방문하던 나는 먼저 스크린에 등장하는 사진 속 시설들의 화려함에 놀랐고, 다음엔 이곳을 방문하는 데 드는 비용에 놀랐다. 소위 WASPWhite Anglo-Saxon Protestant[1] 상류층이 즐겨 찾는 리조트는 하루 평균 2, 3천 달러의 비용이 든다. 나는 무작정 홈페이지에 나온 주소로 메일을 보냈다.

1   앵글로색슨계 백인 신교도, 미국 사회의 주류를 이루는 지배 계급으로 여겨짐

캐롤라이나 호텔 © Pinehurst Golf Resort

저는 대한민국 최고의 라이프 스타일 잡지에 '미국의 골프 리조트'를 연재하려고
하는 준 오Jun Oh입니다. 현재 뉴욕에서 건축사무소에 재직 중이고, 저의 기획 의
도는 디자이너의 눈으로 본 다양한 미국의 골프 리조트를 한국에 소개하는 겁니
다. 귀사의 리조트 관련 자료와 사진들을 보내 주시면 창의적인 글을 써 보겠습니다.

처음 메일을 보낸 곳은 파인허스트 리조트였다. 노스캐롤라이나주의 파인허스트
빌리지Pinehurst Village는 미국 골프 리조트 역사의 발원이자 중심지이다. 1895년 제임스
워커 터프트James Walker Tufts는 노스캐롤라이나의 서던 파인스 지역에 미국 최초의 골
프 리조트를 건설했다. '파인스'라는 이름에서 알 수 있듯이 소나무 숲으로 뒤덮여 있

던 이 지역은 미 북부의 추운 겨울을 피해 온 사람들에게 이상적인 쉼터였다. 따뜻하고 건조한 기후, 울창한 소나무 숲이 뿜어 내는 신선한 공기와 드넓은 대지는 터프트가 상상한 리조트를 건설하기에 안성맞춤이었다. 이곳에 가장 적합한 스포츠를 찾던 그는 격렬하지 않으면서 남녀노소 모두 즐길 수 있고, 룰과 에티켓을 중시하는 스포츠인 골프를 선택했다. 유서 깊은 최고의 리조트에 뜬금없는 메일을 던져 놓고 설마 하며 기다린 지 4일째 되던 날, 아침에 눈을 뜨자마자 확인한 메일에 아래와 같은 답변이 와 있었다.

친애하는 준 오씨, 저희 파인허스트 리조트를 대표해 당신의 관심과 제안에 감사드립니다. 추가로 도움이 필요하면 아래의 전화번호로 언제든 연락하십시오.

잠시 후 연락을 하니 중후한 목소리의 남자가 전화를 받았다. 그는 파인허스트의 마케팅 책임자였는데 무척 친절했고, 내 장황한 설명을 참을성 있게 들어 주었다. 그러더니 대뜸 "우리 리조트에 와 본 적 있나요?"라고 묻는다. 우물쭈물 아니라는 내 대답에, "와 보지도 않고 어떻게 우리 리조트와 골프장에 대해 글을 쓰나요?" 하는 게 아닌가? 사진과 자료를 참조해서 잘 써 보겠다고 얼버무리자 그는 느릿한 남부 사투리로 "오 선생님, 어서 오세요. 저희가 잘 모시겠습니다." 하며 나를 초청했다. 나는 내 귀를 의심하지 않을 수 없었다. 그로부터 2주 후 차를 몰고 파인허스트로 향했다.

파인허스트에 들어서니 타운 전체가 이곳을 찾는 골퍼들을 위해 아주 오래 전부터 존재한 것 같았다. 앤틱 가구에서 풍기는 고풍스러움이 구석구석에 배어 있어 한가로이 이곳을 산책하는 이들에게 과거로의 시간 여행을 하는 듯한 기분을 느끼게 해 준다. 골프의 백악관이라 불리는 캐롤라이나 호텔을 중심으로 타운 곳곳에는 20세기 초기의 모습을 그대로 간직한 극장, 골프 관련 고서적, 오래된 골프채와 골프용품들로 가득한 앤틱샵을 포함해 유서 깊은 상점들이 거리를 가득 메웠다. 특히 각양각색의 사탕과 아이스크림, 레모네이드와 탄산음료가 진열된 가게에 들어서면 화려한 줄무늬 복장의 점원이 반갑게 맞는다. 아마도 19세기 말 탄산음료 제조 기계를 발명해 부호가 된 이곳의 설립자 제임스 터프트를 기념하기 위한 상점일 것이다.

3박 4일 일정 중 첫날 아침. 리조트의 9개 골프코스 중 최고로 손꼽히는 파인허스트

파인허스트 거리 © Pinehurst Golf Resort

No. 2 코스에서 백발의 흑인 윌리 리Willie Lee를 만났다. 그는 10살 때 캐디를 시작해 59년간 한자리를 지켰고, 지금은 파인허스트의 상징이자 전설이 되었다. 클럽하우스 벽에 잭 니클라우스, 리 트레비노, 바비 존스와 나란히 그의 사진이 걸린 것만 봐도 알 수 있다. 이런 그가 내 골프백을 메고 있다니! 도널드 로스의 캐디였던 그가 말이다.

1907년 개장한 No. 2 코스는 스코틀랜드 출신인 도널드 로스가 설계한 최고의 코스로 손꼽힌다. 100년이 지난 지금도 '세계 100대 코스' 리스트에 상위권을 차지하는 이곳은 골퍼의 시선을 휘어잡는 화려한 요소는 없다. 페어웨이를 가로지르는 워터 해저드Water Hazard [2]나 계곡도 찾아볼 수 없다. 하지만 대지를 가장 효율적으로 이용한 홀의 배치는 주변 자연 경관을 다양한 각도에서 입체적으로 경험하게 한다. 리조트 코스

2   골프장 내에 연못이나 개울처럼 공이 빠지면 벌타를 받게 되는 공간

No.2 코스 © Pinehurst Golf Resort

No.2 코스 13번 홀 © Pinehurst Golf Resort

는 남녀노소 모두가 즐길 수 있어야 한다는 생각에서 나온 배려이다. 이렇게 외형적으로는 골퍼를 위협하는 요소가 보이지 않지만, 절대로 쉽게 정복할 수 있는 코스는 아니다. 매 홀마다 벙커의 위치에 따라 공략 방법이 변화무쌍하게 전개된다. 특히 그린은 페어웨이보다 높게 솟아 있는 특성 때문에 불완전한 샷은 그린 밖으로 흘러내려오게 된다. 마치 거북 등껍질 같이 보인다 해서 붙여진 '터틀백Turtle Back 그린'은 설계자 도널드 로스의 고향인 로열 도녁 골프 클럽에서 차용한 특색 있는 요소이다. 그린과 주위의 굴곡은 다양한 공략법을 요구한다. 이는 골퍼들에게 그 어떤 해저드도 대체할 수 없을 만큼 짜릿한 도전을 선사한다. 파인허스트의 그린은 스코틀랜드의 대자연이 긴 세월 빚어 낸 독특한 형태를 미국 땅에 가져와 완성한 명품이다.

135m 파3, 9번 홀에서 먼저 뉴욕 출신 증권 브로커들이 티 샷을 했다. 나는 뒤를 이어 9번 아이언을 잡았다. 그때 윌리는 내게, "그건 아니지. 8번 아이언으로 부드럽게

쳐 봐요."라고 조언한다. 그의 선택이 라운드 내내 계속 맞았기에 두말 않고 부드러운 8번 아이언 스윙으로 터틀백 그린 위에 공을 안착시켰다.

"최고의 골프 샷이군." 윌리의 찬사는 지금도 내 귀에 생생히 들리는 듯하다.

파인허스트 빌리지 최초의 호텔인 '더 홀리The Holy' 안에 들어서면 리조트 최고의 레스토랑으로 손꼽히는 '1895 룸'이 있다. 이곳은 18홀의 골프 라운드 후 저녁 무렵 모여든 미식가들에게 훌륭한 19번째 홀로 기억된다. 조금은 어두운 조명 아래 작지만 아늑한 실내에는 파인허스트 100년의 역사를 대변하는 수백 개의 흑백 사진들이 벽에 가득하다. 골프라는 스포츠가 단순한 오락의 기능을 넘어서는, 어떤 불가사의한 힘을 지닌 문화의 일부라는 사실이 역사의 흔적을 통해 전해지는 듯하다. 지금의 파인허스트를 가능케 했던 제임스 터프트와 도널드 로스와의 만남, 그리고 그들의 비전을 불모지 위에 건설한 수많은 이들의 거친 손마디를 사진에서 발견할 수 있었다.

No.2 코스 18번 홀 © Pinehurst Golf Resort

03

위기를 기회로 만든
피트와 앨리스

|

Kiawah Island Resort 키아와 아일랜드 리조트

1908년 자동차 왕 헨리 포드Henry Ford가 '포드 모델 T'를 처음 세상에 내놓은 후, 자동차는 미국식 '자유의 상징'이 되었다. 미국인들에게 자동차는 사고파는 상품이나 수명이 다하면 폐기하는 소모품 이상이며 또 다른 삶의 공간이었다. 미국인들은 어릴 적부터 시속 80km로 달리는 차 안에서 바라보는 '고속高速 풍경'에 익숙하다. 자동차 없이는 우유 한 병 사러 가기도 힘든 환경에서 자동차는 자유의 상징이기도 하지만 때론 발목에 채워진 족쇄이기도 했다.

이들은 자동차로 연결된 반복적인 일상에서 벗어나 '시속 80km의 삶'에서 탈출할 기회를 휴가에서 찾는다. 그래서인지 최대한 여러 곳에 가서 가능한 많은 사진을 찍으려는 분주한 여행 대신, 속도를 늦추고 여유를 느낄 수 있는 공간으로 떠나는 것을 선호한다. 마천루로 겹겹이 들어찬 도시, 출퇴근길 매연으로 가득한 교통 지옥, 에어컨으로 무장한 정형화된 사무 공간에 익숙해진 도시인들에겐 심신의 정화가 필요하다. 이는 모든 오감을 동원해 느끼는 자연 속에서만 가능하다.

미 사우스캐롤라이나주 찰스턴시 근교, 대서양을 마주 본 해변에 위치한 키아와 아일랜드 리조트는 여유를 즐기려는 가족에게 더할 나위 없이 아름다운 자연환경과 다양한 레저 프로그램을 제공한다. 황금색 갈대밭으로 뒤덮인 늪지대와 오크 향이 물씬 풍기는 길을 따라 리조트 입구를 지나면 미국의 어느 국립 공원에 들어온 듯, 복잡한 외부와 단절된 자연의 아름다움과 여유로움을 느낄 수 있다.

멀리서 들려오는 파도 소리에 이끌려 팔메토Palmetto 야자수 사이로 난 오솔길을 따라 걷다 보면 해변에 다다른다. 실크 촉감의 모래가 발끝을 부드럽게 감싸 기분이 좋아진다. 아이들과 함께하는 시간이 많은 젊은 부부들도 이곳에서는 그들만의 시간을 가지며 일상으로부터의 탈출을 시도한다. 유아부터 청소년까지 다양한 레크리에이션 프로그램이 있어 아이들과 부모 모두에게 자유로운 시간을 제공하기 때문이다.

이곳에는 1991년 '해변의 전쟁'이라 불릴 정도로 치열했던 라이더 컵Ryder Cup[1]의 격

1   2년에 한 번씩 열리는 미국과 유럽을 대표하는 프로골퍼들의 팀 매치

오션 코스 2번 홀 그린 © Kiawah Island Resort

전지, 오션 코스Ocean Course가 있다. 전 세계 골퍼들의 이목이 집중되는 국제적인 이벤트가 아직 완성되지 않은 코스에서 개최된 경우는 없었다. 2016년 브라질 올림픽을 위해 미국의 설계자 길 핸스Gil Hanse가 선정되어, 4년 동안 코스를 만든 경우를 제외하곤.

라이더 컵을 2년 앞두고 공사가 한창이던 키아와 아일랜드에 예기치 못한 태풍이 불어닥쳤다. 2년이라는 시간은 코스를 만들고 잔디를 키워 대회를 위한 최적의 상태를 유지하는 데는 빠듯했다. 계획에 조금의 차질이라도 생기면, 전 세계로 송출되는 TV 중계에 허점 투성이인 코스가 만천하에 드러나고, 라이더 컵의 명성에 오점을 남기게 되므로 리스크가 매우 컸다. 하지만 설계자 피트 다이Pete Dye와 그의 아내 앨리스 다이는 이런 위기 상황을 하늘이 준 기회로 승화시켰다.

태풍 휴고Hugo가 지나간 후 홀이 유실되고, 커다란 오크트리가 뽑힌 코스 부지를 피트 다이와 함께 걷던 앨리스는, "여보, 후반 9홀에서는 바다가 전혀 보이지 않아요. 파도 소리만 듣는 건 별로인 거 같아. 난 여기서도 바다가 보고 싶은데."라고 말했다고 한

해변의 한가로운 아침 © Kiawah Island Resort

다. 평소 아내의 조언을 존중했던 피트 다이는 앨리스의 말을 듣고, 페어웨이를 성인 남자의 키만큼 높였다. 결과는 아름다운 오션뷰만 얻은 게 아니었다. 해풍에 그대로 노출된 후반 9홀은 시시각각으로 변하는 바람의 방향에 맞서 경기해야 하는 매우 어려운 환경을 만들었다. 일반적인 링크스 코스는 해안 사구가 코스를 아늑하게 보호해 주기 때문에 오션 코스처럼 바람에 무방비로 노출되지는 않는다. '휴고'와 '앨리스'가 아니었다면 불가능한 일이었다.

태풍이 휩쓸고 지나간 재난 지역에 코스를 완성하기 위해 피트 다이와 공사 관계자들은 자생 식물과 넘어진 나무를 이식하고, 밤낮없이 일해 대회 일정에 맞춰 개장했다. 피트 다이가 클라이언트에게 빌린 지프차를 돌려주러 갔을 때, 문짝은 모두 떨어져 나갔고, 뒷좌석 바닥에는 텅 빈 복숭아 통조림과 콩 요리 통조림 캔이 가득했었다고 한다. 식사도 거르고 현장에서 살다시피 한 피트 다이의 지칠 줄 모르는 열정을 보여 주는 유명한 일화이다.

지금까지도 키아와 아일랜드의 오션 코스는 미국 내 리조트 코스 중 가장 어렵기로 유명하다. 그러나 이곳은 한 번 방문하면 꼭 다시 오게 하는 마력이 있다. 아카시아 나무가 즐비한 아프리카 대평원을 연상시키는 해변의 오크트리와, 수면에 닿을 듯 늪 위를 날고 있는 백로를 보고 있노라면 골프를 치러 온 사실을 잊게 만든다.

골프코스 설계에서 설계자가 고려해야 하는 가장 중요한 요소 중 하나는 골퍼로 하여금 자연의 아름다움을 온전히 느끼게 하는 것이다. 경기 도중 펄럭이는 깃발을 바라보다가 시선 너머에 펼쳐진 아름다운 경치, 홀을 마치고 걸어온 페어웨이를 돌아보는 순간 멀리 보이는 한 폭의 그림 같은 풍경, 티잉 그라운드 위에 섰을 때 내려다보이는 넘실대는 파도. 이 모든 것들은 설계자가 자연에서 발견해 골프를 통해 연출하는 영화 속 배경과 같다.

흔히 골프코스는 환경 파괴의 주범이라고 생각한다. 사실 모든 인위적인 건설은 필연적으로 환경을 변화시킨다. 하지만 이러한 변화가 긍정적인 결과를 낳을 수도 있다. 오션 코스는 태풍이 휩쓸고 간 자리에 자연환경과의 아름다운 조화를 통해 야생 동물

의 생태계를 복원했다. 이와 동시에 인간이 골프를 통해 자연스럽게 그 가치를 느끼게 하는 상생相生의 공간으로 태어났다. 2021년에 키아와섬을 다시 방문할 계획인데 그곳의 아름다운 자연 경관을 떠올리면 벌써부터 마음이 설렌다.

Bonus Hole

세계적인 설계가 피트 다이는 2020년 1월 9일 95세를 일기로 우리 곁을 떠나 전설로 남았다. 그가 골프코스 설계에 남긴 자취는 무한하다. 한국에는 그의 아들 페리 다이가 설계한 우정 힐스 C.C에서 그의 설계 스타일을 조금이나마 느낄 수 있다. 그는 아내 앨리스와 70년을 해로하면서 많은 프로젝트를 함께했다. 최고의 역작인 플로리다주의 TPC 소우그래스Sawgrass는 17번 파3홀의 아일랜드 그린으로 유명하다. 페어웨이를 조성하기 위해 모래를 퍼낸 자리에 거대한 구덩이가 생기자 앨리스는 '이걸 다시 메우느니, 차라리 섬을 만들고 그린을 거기에 올리자.'라고 남편에게 제안했다고 한다. 이렇듯 앨리스는 반짝이는 아이디어가 가득한 사람이었다. 남편이 떠난 집을 홀로 지키기 싫었던 걸까? 앨리스는 피트가 세상을 떠난 지 23일째 되는 날 그의 곁으로 갔다.

키아와 아일랜드 해변의 클럽하우스 © Kiawah Island Resort

오션 코스 18번 홀 그린 © Kiawah Island Resort

링크스 3번 홀 © Bay Harbor Golf Club

04

버려진 채석장의
아름다운 변신

Bay Harbor Golf Club 베이 하버 골프 클럽

반체제 문학의 고전이자 비트 문화의 출발
점이 된, 잭 케루악의 《길 위에서》를 읽어
본 사람이라면 미 대륙의 거대한 스케일을
간접적으로나마 느낄 수 있다. 대학 졸업
후 시애틀에서 뉴욕까지 차를 몰고 횡단했
을 때의 감동이 아직도 생생하다. 워싱턴주
시애틀에서 90번 고속도로를 따라 동쪽으
로 아이다호, 몬타나, 사우스 다코타를 통
과해 미네소타, 위스콘신을 거쳐 94번 도
로로 갈아타고, 오대호 남쪽을 돌아 일리노
이, 인디애나, 미시건, 오하이오, 펜실베이
니아를 통해 뉴욕까지 오는 동안, 이름을
아는 도시라고는 미니애폴리스, 밀워키, 시

카고뿐이었다. 쉬지 않고 달려도 총 46시간이 걸리는 4,900km의 대장정이었다.

2002년 8월 폭염이 기승을 부리던 어느 여름 새벽, 뉴욕 퀸즈의 자메이카 스테이션에서 이번 여행을 함께할 후배를 만났다. 퀸즈를 출발해 서쪽으로 2,200km 달려 미네소타주의 그랜드 뷰 롯지Grand View Lodge를 방문한 후 동쪽으로 방향을 틀어 위스콘신주의 콜러 리조트Kohler Resort를 경유해, 미시간주의 베이 하버 골프 클럽Bay Harbor Golf Club과 보인 하이랜드 리조트Boyne Highlands Resort를 돌아보고 오는 장장 50시간의 로드 트립이었다. 대학 졸업 후 직장을 알아보느라 힘들어 하던 후배와 8개월째 취업비자를 기다리고 있던 나. 지금 생각해 보면 잠시 모든 걸 내려놓고 로드 트립을 떠나기에 더할나위 없이 어울리는 2인조였다. 이 친구가 그때까지 단 한 번도 골프채를 잡아 보지 않았다는 사실만 제외하곤.

베이 하버 골프 클럽을 여행에 포함시킨 이유는 이곳이 과거에 시멘트 원료인 석회석을 채굴하던 광산이었다는 사실을 직접 눈으로 확인하기 위해서였다. 미시간호의 한 귀퉁이에서 100년간 캐낸 석회석의 규모는 얼마나 되고, 과연 어디로 옮겨진 걸까? 150만평에 달하는 대지가 10m 이상 파헤쳐진 후 미시간과 일리노이 사이의 운하를 통해 운반되어, 1871년 대 화재로 불타 버린 시카고의 재건과 20세기 초, 중반에 건설된 수많은 마천루의 재료로 쓰였을 것이다. 채석장의 수명이 다하고 시멘트 공장의 굴뚝이 붕괴된 날로부터 6개월 후, 채석장 일부와 미시간호를 가로막고 있던 댐을 폭파했다. 이로 인해 베이 하버 레이크 마리나Bay Harbor Lake Marina가 생겼다. 버려진 채석장 부지에 세워진 베이 하버 골프 클럽은 미국의 코스 설계가 아서 힐스Arthur Hills에 의해 탄생했다.

아서 힐스는 7살에 골프를 시작했고, 미시건대학 시절 인근 골프장의 관리 인부로 아르바이트를 했다. 그는 가족이 운영하던 조경 회사를 돕기 위해 대학에서 삼림자원학을 전공했다. 회사가 문을 닫게 되자 본의 아니게 독립하게 되었고, 그간의 경험과 배움을 접목해 골프코스 설계 회사를 차렸다. 그로부터 10년 후 그의 첫 작품이 탄생했고, 50년간 총 200여 개의 신규 코스와 그에 필적하는 수의 리모델링 프로젝트를 수행했다. 그의 설계로 1997년 오픈한 베이 하버 골프 클럽은 27홀 중 쿼리 코스 9홀을 버려진 채석장을 재활용해 최고 수준의 코스로 만든 것으로 유명하다.

버려진 폐광이나 채석장 부지를 잔디가 덮인 골프코스로 탈바꿈시키는 일은 수많은 난관을 극복해야 하는 창조적인 작업이다. 먼저 시공 측면에서는 단단한 암반 때문에 배수가 원활하지 않고 도로 포장이 힘들다는 어려움이 있다. 뿐만 아니라 잔디가 살 수 있는 토양층을 조성해야 하므로 많은 양의 토사를 외부로부터 반입해야 한다. 경기 측면에서는 깎아지른 절벽 사이 러프한 지형에 아마추어도 즐길 수 있는 코스를 배치해야 하기 때문에 난이도를 조절하는 디자인 감각이 필수이다. 하지만 이런 난관을 해결했을 때의 결과는 엄청난 보상이 따라온다. 거친 채석장 암벽은 녹색의 페어웨이와 그린을 돋보이게 하는 드라마틱한 병풍 역할을 하고, 부지의 고저차를 활용해 골퍼라면 누구든지 기다리는 멋진 내리막 홀을 배치할 수 있기 때문이다. 이런 특별한 코스는 골퍼들의 뇌리에 강렬한 인상을 주어 다시 방문하게 하는 요소가 된다. 아서

쿼리 6번 홀 © Bay Harbor Golf Club

멀리 절벽 위에 위치한 쿼리 3번 홀 © Bay Harbor Golf Club

힐스는 이런 어려운 과제를 베이 하버에서 멋지게 해결했다.

쿼리 9홀 코스는 3번 홀부터 과거 채석장의 모습을 보여 준다. 티잉 그라운드부터 그린까지는 다이너마이트가 부숴 만든 깎아지른 절벽이 플레이선상으로 들어왔다 나가길 반복해, 거리 조절에 실패하거나 자칫 우측으로 빗맞은 공을 집어삼키는 핸디캡 Handicap[1]1번 홀이다. 두 번째로 어려운 홀은 파5, 3번 홀. 채석장에 빗물이 고여 만들어진 호수는 페어웨이 좌측에 비스듬히 위치해 있다. 과감하게 좌측 페어웨이를 겨냥해 228m 이상 넘겨 쳤을 때, 세컨 샷으로 그린을 노려 볼 수 있는 '히로익홀'(p.226 영웅 형 참조)이다. 하지만 그린 후방 절벽에서 떨어지는 인공 폭포에 시선을 빼앗겨 자칫 무모한 플레이를 하다가는 그린 전방에 도사린 워터 해저드에 공이 빠질 수 있으니 조심해야 한다. 석회암이 채굴된 흔적을 따라 6번과 7번 홀을 지나면, 눈앞에 푸르른 미시간호의 멋진 파노라마가 펼쳐진다. 바다라고 해도 믿을 만큼 거대한 스케일의 호수를 배경으로 마지막 두 개 홀을 마치면, 숲에서 시작해 채석장을 돌아 호수에 이르는 9홀의 여정이 선명하게 기억된다. 훌륭한 코스란 기억에 남는 코스라는 진리를 여기서 증명해 주는 듯하다.

후배 기석은 이렇게 난이도 높은 코스에서 난생 처음 골프채를 잡았다. 코스 답사하랴, 후배 스윙 가르치랴, 눈코 뜰 새 없던 나와 달리 기석은 용감무쌍하게 해저드를 향해 거침없이 스윙을 했다. 비록 9홀이 끝나기 전, 가져간 공이 모두 바닥나는 지경까지 갔지만 땀을 뻘뻘 흘리면서 연신 즐거운 비명을 지르는 그를 보며 골프라는 운동이 사람과 사람 사이에 즐거운 징검다리가 된다는 사실을 실감했다.

일주일 여정의 마지막 날 저녁, 베이 하버 호텔의 발코니에서 위스콘신부터 줄곧 따라온 먹구름이 호수 건너편에 비를 뿌리고 있는 모습이 보인다. 이번 여행은 시간차로 폭풍우와 비를 피해 움직였던 행운의 로드 트립이었다. 뉴욕에 도착했을 때도 이런 행운이 계속되길 바라며 로드 트립을 마무리했다.

---

1 골퍼의 실력과 홀의 난이도를 구분하는 수단. 숫자가 낮아질 수록 골퍼의 실력은 뛰어나고, 홀의 난이도는 높은 것을 의미

Inn at Bay Harbor © Bay Harbor Golf Club

05

사막에서 실현한
미국의 개척 정신

|

Troon North Golf Club 트룬 노스 골프 클럽

자동차를 몰고 미국 전역을 돌며 대표적인 골프 리조트를 탐방한 지도 1년이 넘었다. 추운 뉴욕의 겨울을 피해 애리조나 사막에 있는 골프코스를 가게 되었다. 주머니를 털어 애리조나주 피닉스행 비행기 표를 사 케네디 공항으로 향했다. 설레는 마음을 안고 오른 비행기 안에서 아프리카 사막을 배경으로 찍은 영화의 한 장면이 떠올랐다.

　오랫동안 기억에 남는 영화, 볼 때마다 새로운 감동을 주는 영화는 흔치 않다. 영화를 통해 한 번 쯤 가보고 싶던 이국적인 공간으로 여행을 떠났다고 상상하는 일은 저절로 즐거움을 준다. 이런 영화 중 안소니 밍겔라 감독의 〈잉글리시 페이션트〉가 있다. 국내에서도 개봉된 이 영화는 시작부터 우리를 미지의 공간으로 인도한다.

　정체불명의 유혹적인 풍경. 카메라가 관객의 시선을 이끌고 표류하는 공간에는 아름답게 굽이치는 곡선이 빛과 그림자의 대비로 인해 부드럽지만 강렬하게 부각된다. 손으로 만져질 듯 잘 그을린 피부의 질감으로 꽉 찬 화면은 마치 우리의 시선이 아름다운 누드의 언저리를 탐험하는 듯한 착각을 불러일으킨다. 이런 수수께끼 같은 공간에 흠뻑 빠져들 무렵, 화면에는 홀연 작은 그림자 하나가 등장한다. 그림자의 실체는 작은 프로펠러 비행기. 결국 이렇게 아름다운 장면은 사하라 사막의 모래 언덕임을 알려 준다. 비행기 안의 주인공은 이미 싸늘하게 식어 버린 사랑하는 애인의 주검을 실은 채 끝없이 펼쳐진 사막 위를 날아간다.

사막은 변화한다. 그 문턱에 발을 디딘 인간에게는 치명적인 메마름을 선사하지만 그에 앞서 사막을 두려워해야 하는 이유는 끊임없이 변화하기 때문이다. 낙타 등에 올라타 사막을 가로지르는 대상들의 행렬에서 마치 바다 위를 표류하는 듯한 아찔함을 느낀다. 사막은 정체성의 부재로 인해 더욱 위험한 마력으로 우리를 유혹하는 미지의 공간이다.

미국의 남서부, 애리조나주 스코츠데일시 북부에 펼쳐친 소노란 사막에는 이런 척박한 미지의 공간을 아름다운 휴양지로 탈바꿈시킨 곳이 있다. 트룬 노스Troon North 골

피나클 18번 홀 © Troon North Golf Club

프 클럽과 포시즌스 리조트이다. 애리조나 최고의 리조트 골프코스로 선정된 피나클 Pinnacle 코스와 모뉴먼트Monument 코스는 럭셔리하고 아늑한 포시즌스 호텔의 멕시코풍 어도비 카시타[1]와 함께 미 동부의 혹한을 피해 온 여행객들에게 최적의 휴양지를 제공 한다.

크고 작은 도마뱀들이 바위 위에서 일광욕을 즐기고 있고, 눈앞에서 야생 토끼와 메 추라기들이 나무 덤불 속으로 쏜살같이 사라진다. 사막의 태양볕에 그을린 각양각색 의 야생화와 하늘을 찌를 듯 양팔을 벌리고 서 있는 사구아로 선인장이 즐비한 이곳은 다름 아닌 피나클 코스와 모뉴먼트 코스. 디 오픈 챔피언 톰 와이즈코프Tom Weiskopf와 설계자 제이 모리시Jay Morrish가 설계해 1990년에 개장한 두 코스는 사막 골프의 정수

---

1 짚을 섞어 만든 흙벽돌로 지은 멕시코 풍의 집

를 보여 준다.

어느 누가 사막 한복판에 이런 아름다운 코스를 짓는 것이 가능하리라 상상했을까? 푸른 생명체라고는 가시 덮인 선인장이 고작인 불모지에 길을 닦고 물을 끌어와 만든 녹색의 정원은 바위와 가시덤불, 모래와 선인장으로 뒤덮인 공간과 대비를 이루며 이국적인 풍경을 연출한다. 지금은 멀리 아랍에미리트 같은 열사의 나라에서도 눈부신 녹색의 페어웨이를 볼 수 있지만, 사막의 척박한 토양과 극심한 일교차를 극복하고 골프코스를 조성한 개척 정신은 미국에서 시작됐다. 티잉 그라운드에 서면 이곳에서만 볼 수 있는 디테일이 눈에 띈다. 사막에선 미스 샷도 기록에 남는 걸까? 좌우에 우뚝 솟아 있는 선인장에 티 샷을 했던 골프공들이 박혀 있는 모습은 신기하다 못해 그로테스크하기까지 하다. 멀리 1,200만 년 동안이나 이곳을 지켜온 피나클 바위산을 배경으로 선인장들 사이로 날리는 티 샷은 무척이나 짜릿한 이국적 경험이 된다.

소노란 사막의 석양은 특별하다. 지평선 위에 채색해 놓은 듯 강렬한 마젠타^{자홍색} 석양은 시리도록 푸른 밤하늘 아래 아름다운 경계를 만든다. 미국의 세계적인 추상화가 마크 로스코_{Mark Rothko}의 컬러 캔버스가 주는 명상적이면서도 몽환적인 감동을 이곳에서 느낄 수 있다. 카시타로 돌아오는 길, 매콤한 향기를 피우며 타닥타닥 타오르는 장작불의 따스함을 느낀다. 미지의 공간, 사막에서의 하루가 이보다 더 평온하고 여유로울 수 있을까?

Bonus Hole

영화 〈벅시〉에서는 주인공 벅시 시겔_{Bugsy Siegel}이 사막 한가운데에 차를 멈추고, 라스베이거스 최초의 카지노 호텔을 만드는 영감을 얻는 장면이 나온다. 1946년에 오픈한 플라밍고 라스베이거스 호텔 & 카지노 이후 70년이 지난 지금의 라스베이거스를 보라. 사막 한가운데 352km2 면적에 65만 명의 인구가 사는 도시가 되었다. 라스베이거스는 로스앤젤레스에서 차로 4시간 거리에 위치해 이곳에 온 사람들은 하룻밤 이상을 머물며 유흥을 즐기고 집으로 돌아간다. 전 세계에서 온 관광객들 또한 2, 3일 이상 머물며 골프를 치고 카지노를 즐기면서 돈을 쓴다. 자급력 있는 지역 경제가 사막 한 가운데 생겼고, 이곳에 온 관광객들의 다양한 니즈를 충족시키기 위해 70개 이상의 골프장이 만들어졌다. 골프장 한 개가 대략 30만 평이라 했을 때, 총 2,100만 평의 녹지가 사막 위에 조성된 것이다. 중국 정부는 내몽고의 고비 사막이 동쪽으로 확장하는 것을 막기 위해 70년대부터 '녹색 장성'이라는 사막화 방지 프로젝트를 진행해 왔다. 내몽고 고비 사막의 경계에 4,800km 길이의 나무 띠를 만들어 북경 외곽으로 사막이 확장하는 것과 사막에서 불어오는 모래바람을 방지하겠다는 야심찬 계획이다. 2050년까지 1,000억 그루의 나무를 심겠다는 계획은 중국이기에 가능한 것. 애국심에 호소한 이 프로젝트는 수만 명의 노동력을 요구하는 일이다.

이는 중국뿐 아니라 사하라 사막을 경계로 한 북아프리카 국가들의 문제이자 전 세계의 문제이다. 천문학적 숫자의 나무를 심고 관리하는 것이 사막의 확장을 일부 방지할 수는 있다. 그러나 이런 활동이 영속성을 갖기 위해서는 그 지역에 커뮤니티가 활성화되어야 한다. 사막의 모래 언덕에 광활한 녹지를 건설함과 동시에 지역 경제를 활성화해 지속적인 개발 자금과 관광객의 유입이 가능하다는 사실은 이미 '라스베이거스'라는 확실한 성공 사례를 통해 증명되었다. 그렇다고 해서 중국과 아프리카에 라스베이거스와 같은 대규모 카지노 도시를 건설하자는 것은 아니다. 문제 해결의 의지를 가지고 유연한 사고를 갖춘 정부와 전문가들이 협력한다면 국가의 정책과 문화에도 부합하는 지속 가능한 사막화 방지 계획을 성공적으로 실현할 수 있을 것이다.

모뉴먼트 15번 홀 © Troon North Golf Club

애리조나 사막의 골프코스 답사를 마치고 뉴욕으로 돌아오는 비행기 안에서 생각에 잠겼다.

'미 남북 대륙 횡단 4번과 중북부 왕복 한 번, 뉴욕, 뉴저지, 펜실베이니아와 버지니아주의 골프 리조트와 코스를 돌아보기를 1년 6개월. 나 같은 사람이 또 있을까?'

9.11 사태 이후 취업비자 문제로 어려움을 겪던 시절, 미국행 외국인의 발길이 끊긴 불황을 극복하려는 리조트들로부터 초청을 받았고, 그런 기회를 통해 미국 상류층의 레저 문화를 가까이서 경험할 수 있었다. 그 과정에서 코스 디자인이 150년이란 역사가 있고, 미국, 유럽과 호주, 심지어는 일본에도 골프코스 설계자 협회가 있다는 사실을 알게 되었다.

인생만사 새옹지마

'건축과 골프코스를 포함한 리조트 설계를 할 수 있다면, 내 커리어에 차별화된 경쟁력을 갖출 수 있겠다.'

뉴욕 도착 후, 나는 정식으로 골프코스 설계를 공부할 수 있는 학교를 알아보았다. 그리 많지 않았다. 하버드 대학 여름학기에 일반인도 참여할 수 있는 단기 코스가 있었고, 코넬 대학 조경학과 수강 과목 중 코스 설계가 있었다. 하지만 둘 다 내가 원하던 방향과는 일치하지 않았다. 당시 난 골프코스 설계와 역사에 관련된 책들을 읽기 시작했고, 꼭 가 봐야 할 영국의 전통 링크스 코스 리스트를 만들어 놓은 상태였다. 인터넷을 검색하던 중, 내 눈에 문구 하나가 들어왔다.

'에든버러 예술대학 골프 코스 설계학 석사과정Master of Science Degree in Golf Course Architecture at Edinburgh College of Arts'

바로 여기였다. 600년 전 골프가 처음 시작된, 골프의 성지 세인트 앤드류스 올드 코스가 있고, 디 오픈 챔피언십The Open

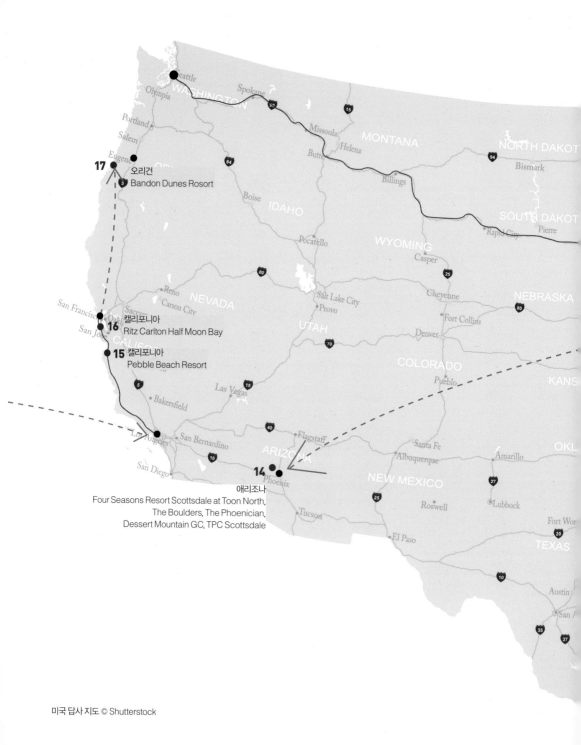

17 오리건
Bandon Dunes Rosort

16 캘리포니아
Ritz Carlton Half Moon Bay

15 캘리포니아
Pebble Beach Resort

14 애리조나
Four Seasons Resort Scottsdale at Toon North,
The Boulders, The Phoenician,
Dessert Mountain GC, TPC Scottsdale

미국 답사 지도 © Shutterstock

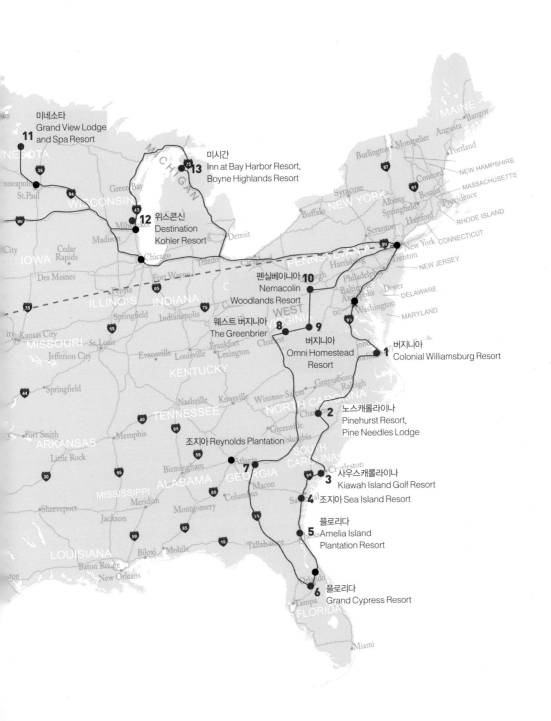

미네소타
11 Grand View Lodge and Spa Resort

미시간
13 Inn at Bay Harbor Resort, Boyne Highlands Resort

위스콘신
12 Destination Kohler Resort

펜실베이니아
10 Nemacolin Woodlands Resort

웨스트 버지니아
8 The Greenbrier

버지니아
9 Omni Homestead Resort

버지니아
1 Colonial Williamsburg Resort

노스캐롤라이나
2 Pinehurst Resort, Pine Needles Lodge

조지아 **7** Reynolds Plantation

사우스캐롤라이나
3 Kiawah Island Golf Resort

조지아 **4** Sea Island Resort

플로리다
5 Amelia Island Plantation Resort

플로리다
6 Grand Cypress Resort

Championship[1]의 살아 숨 쉬는 역사가 있는 곳. 스코틀랜드야말로 코스 설계를 공부하기 위해 내가 가야할 곳이었다.

에든버러 대학 조경학과에 지원서를 보낸 지 5개월 만에 답장이 왔다. 합격!

건축대학원에 붙었을 때만큼 기뻤다. 아니, 조금 더 기뻤다고 하는 게 맞겠다. 여러 곳에 지원했던 그때와 달리, 이번에는 에든버러 외에 대안이 없었기 때문이다. 다니던 회사와 주변 지인들에게 소식을 알렸을 때, 난 그들의 반응에 놀라지 않을 수 없었다. 모두 이렇게 말했다. "하던 건축설계나 잘하지, 무슨 골프장 설계야. 골프장도 설계를 해야 하나?", "골프를 엄청 좋아하는 줄은 알았지만, 이렇게까지 미쳐 있는 줄은 몰랐네. 잘 생각해서 판단해."

날 격려해 준 유일한 사람은 다름 아닌 영민 선배와 부모님이었다. 영민 선배는 이렇게 말해 주었다. "인생에서 1년 반을 투자해 남들이 한 번도 가지 않은 길을 개척한다면 분명 가치가 있을 거야. 축하한다. 넌 멋지게 잘할 수 있을 거야." 골프를 좋아하셨던 부모님은, "적어도 대한민국에서는 네가 처음으로 코스 설계 과정을 밟는다고 하니 우리는 찬성이다."라고 응원해 주셨다. 나를 가장 사랑하는 사람들의 믿음을 안고 주저 없이 스코틀랜드행을 결정했다.

2004년 제133회 디 오픈 챔피언십은 스코틀랜드 서해안의 유서 깊은 로열 트룬 골프 클럽에서 열렸다. 7월 15-18일 4일간 펼쳐진 대회 일정에 맞춰 에든버러행 비행기를 탔다. 9월 학기가 시작되기 전, 미리 학교도 둘러보고 방도 구하기 위해서였다. 에든버러에 도착해 미국인 학과 선배 집에 짐을 맡기고, 로열 트룬이 위치한 스코틀랜드 서남단 에일셔로 향하는 기차에 올랐다. 기차역에 내려 대회장에 도착한 나는 대회 마지막 날 티켓을 현장 구매해 입장할 수 있었다. 한국의 최경주 선수도 보고, TV에 나

1 디 오픈 또는 브리티시 오픈이라 불리는 골프 역사상 가장 오래된 대회

오는 세계적인 선수들의 스윙을 눈앞에서 볼 수 있는 즐거운 경험이었다.

어니 엘스Ernie Els와 연장전까지 가는 접전 끝에 한 타 차로 클레럿 저그Claret Jug[2]를 거머쥔 무명의 미국인 토드 해밀턴Todd Hamilton. 손에 땀을 쥐게 하는 연장전 승부와 전통 가득한 시상식이 끝난 후 비로소 난생처음 스코틀랜드 링크스 코스의 페어웨이를 밟아 보았다. TV에서나 보던 리베티드 벙커Rivetted bunker[3]라 불리는 깊은 항아리 벙커에도 들어가 보았다. '아, 이것이 링크스 코스구나. 이런 곳에서 600년 전 골프의 역사가 시작됐구나.' 감격스러운 순간이었다. 그러나 그때까지만 해도 에든버러에서 무슨 일이 나를 기다리고 있는지 까맣게 모르고 있었다.

다음 날 아침 학사 과 오픈 시간에 맞춰 학교를 찾아갔다. 초행길이라 조금 헤맸지만 에든버러 특유의 고풍스런 건물들을 구경하며 산책하듯 찾아간 학교는 아담한 현대식 건물이었다. 학사 과 문을 열고 들어가 여직원에게 내가 온 목적을 전했다. 가을학기 일정과 등록에 필요한 제반 사항을 알려달라는 나에게 그녀는, "오 선생님, 이런 말씀을 드리게 되어 대단히 죄송합니다. 우리 학교의 골프코스 설계 과정은 정원 미달로 올해는 개설되지 않을 예정입니다. 내년 가을에 과정을 다시 열 수 있을 것 같습니다."

나는 내 귀를 의심했다. 신학기 시작까지 두 달밖에 남지 않았는데, 이게 무슨 소리란 말인가! 그 자리에 주저앉고 싶었다. 무미건조하게 내뱉는 '아이 엠 쏘리'는 더 이상 듣고 싶지 않았다. 난 정신을 가다듬고 직원에게 말했다.

"내일 아침 10시에 다시 올 테니, 조경학과 학장과 담당 지도교수 미팅을 주선해 주기 바랍니다. 난 한국에서 여기까지 당신들을 믿고 왔으니, 이 정도 요청은 들어주기 바랍니다."

숙소로 돌아오는 내내 발걸음이 무거웠다. 그리고 눈앞이 캄캄했다. 도대체 어디서부터 잘못된 건지 알 수 없었다. 해가 지기도 전에 침대에 누워 내일 미팅에서 무슨 애

2 디 오픈의 우승 트로피
3 잔디를 쌓아 올려 만든 가파른 벽의 벙커

기를 할지 생각하느라 뜬눈으로 밤을 지새웠다. 밤새 고민한 생각을 수첩에 적고, 입학 때 입으려 했던 수트를 여행 가방에서 꺼내 넥타이와 함께 단정히 차려 입었다. '그래, 이건 내 잘못이 아니야. 당당히 맞서서 내 입장을 전달하고, 그들에게 만족할 만한 답을 받아 내자.' 그렇게 다짐하며 어제의 길을 다시 걸어 비장한 마음으로 학교에 도착했다.

미팅 룸에는 총 4명이 앉아 있었다. 조경학과 학장, 담당 지도교수 그리고 강사 두 명이 나를 기다리고 있었다. 난 그들이 먼저 말문을 열 때까지 기다렸다.

"미스터 오, 먼저 이런 자리에 오게 해서 미안합니다. 그런데 정원 12명인 과정에 총 8명밖에 지원을 안 했기 때문에 안타깝지만 금년은 코스를 개설할 수 없게 되었습니다. 내년에 코스가 열리면 그때 꼭 와 주기 바랍니다."

지도교수의 말을 듣고 난 수첩을 꺼내 하고 싶은 말을 적어 놓은 글을 읽어 내려갔다. 가끔씩 고개를 들어 한 명씩 그들의 두 눈을 응시하며 "나는 지금까지 영국이 가장 모범적인 문명국가라고 믿어 왔습니다. 그런데 내 믿음이 어제 아침에 깨졌습니다. 신학기를 2개월 앞두고 합격 소식에 이곳까지 찾아온 나에게 과 직원이 구두로 이런 사실을 알리는 것은 도저히 문명국가에서 있을 수 없는 일이라고 생각합니다. 지금 상황으로 보면, 아직도 나를 제외한 7명의 합격자들은 어딘가에서 들뜬 마음으로 이곳에 올 준비를 하고 있을 것입니다. 당신들이 지금 어떤 일을 벌인 건지 그 심각함을 알고 있습니까?"

고개를 들어 담당자들을 바라보니 당황한 기색이 역력했다. 난 깊은 숨을 들이쉬고 마지막 말을 남겼다. "난 당신들에게 세 가지 옵션을 제안합니다. 첫째, 무조건 당신들이 한 약속을 지켜서 9월에 과정을 개설할 것. 둘째, 만일 이것이 불가능하다면 당신들 말대로 내년에 다시 오겠습니다. 그러나 난 스코틀랜드를 떠날 생각이 없습니다. 그때까지 인디펜던트 스터디*를 할 테니 그에 따른 제반 비용을 학교에서 모두 부담해야

합니다. 마지막, 두 번째 옵션이 학교 재정에 부담이 된다면, 난 당신 학교의 건축과 디자인 스튜디오 강사로 일할 수 있습니다. 내 이력을 봐서 알겠지만, 현재 강사들에 비해 전혀 부족하지 않을 것입니다. 이 세 가지 옵션 중 하나를 선택해 2주 안에 답을 주지 않으면 내 변호사가 연락할 것입니다."

잠시 방안에 침묵이 흘렀다. 탁자 너머로 조용히 의견을 모으더니 학장이 말했다. "당신의 입장은 충분히 알았으니, 우리도 생각할 시간이 필요합니다. 이유 불문하고 이렇게 된 상황에 대해 진심으로 사과합니다."

난 그들과 악수를 하고 건물 밖으로 나왔다. 어제부터 같은 길을 네 번째 걷고 있었다. 네 번 모두 전혀 다른 마음을 안고 말이다. 쌓였던 긴장이 풀려서였을까? 어디든 앉고 싶었다. 눈에 제일 먼저 띈 닥터스 펍. 현관을 활짝 열어 놓고 청소하고 있는 직원 옆으로 무작정 들어가 자리에 앉았다. 아침 11시에 처음 와 보는 스코티시 펍. 날 쳐다보는 직원에게 기네스 한잔을 시켰다. '아, 내 인생은 왜 이렇게 안 풀리는 걸까?' 그날 저녁 난 귀국편 비행기에 올랐다.

그로부터 일주일 후, 학교로부터 메일이 왔다.

'친애하는 오 선생님, 에든버러 예술대학을 대표해, 당신에게 골프코스 설계학 석사 과정이 예정대로 개설될 것임을 알려드리게 되어 기쁩니다. 등록을 위해 첨부된 자료를 참조하십시오.'

그렇게 난 일주일 동안 갇혀 있던 절망의 터널에서 빠져나와 희망의 빛을 찾게 되었다.

ROUND
2

골프 성지 순례

01

250파운드의
행복

|

Braid Hills Golf Course 블레이드 힐스 골프코스

에든버러 대학의 골프코스 설계 학위 과정 첫날. 강의실에는 나를 포함해 총 10명의
학생이 앉아 있었다. 미국, 캐나다, 아이슬란드, 스페인, 중국, 스코틀랜드, 웨일즈, 대
한민국. 다양한 국적만큼 나이와 배경도 모두 달랐지만 골프라는 목적으로 이렇게 에
든버러에 모인 것이다. 그들과 함께한 1년 반 동안 정말 많은 추억을 쌓았다. 학교 건
물 뒤편에 '브런츠필드 링크스'라고 불리는 숏 게임을 할 수 있는 공원이 있었다. 18
개의 낮은 깃대가 꽂힌 홀이 있고, 그 사이에 난 산책로로 사람들이 다닌다. 볕이 좋은
날은 공원 근처 아파트에 사는 젊은이들이 2인용 소파를 잔디밭으로 가져와 마치 자
신의 거실인 듯 편하게 잡담할 정도로 자유로운 곳이다. 반면 공원의 다른 한쪽에서
는 골퍼들이 웨지와 퍼터를 들고 연습을 하거나 시합을 했다. 사실 이런 모습이 팔 몰
Pall Mall[1]의 변형된 형태라는 걸 나중에 알게 되었다. 수업이 끝나면 삼삼오오 어울려 이

---

1 중세 유럽의 도심 거리에서 했던 골프와 유사한 게임

브런츠필드 링크스에서 보낸 에든버러 시절

곳으로 향했다. 골프 태번²에서 맥큐언 맥주 한잔을 걸고 게임을 하면서 골프가 탄생한 본 고장에서만 가능한 문화의 다양함과 성숙함을 경험하고 있다는 사실에 가슴이 벅찼다. 나를 감동시킨 건 이것만이 아니었다. 어느 날 아침 웨일즈 출신 닉Nick이 카드 한 장을 흔들며 강의실로 뛰어 들어왔다. 250파운드, 당시 환율로 40만 원 정도면 에든버러 근교에 있는 5개 골프장에서 일 년간 무제한으로 골프를 칠 수 있다는 게 아닌가! 무제한 골프? 고깃집에나 있을 법한 무한 리필이 골프장에도 있다니, 난생처음 들어보는 소식은 놀라운 선물과도 같았다.

다음 날 오후 수업이 끝나고 중국에서 온 패트릭Patrick, 캐나다에서 온 브랫Brad과 함께 무제한 골프 카드를 만들기 위해 시 외곽에 있는 블레이드 힐스 골프코스로 향했다. 블레이드 힐스는 학교에서 이층 버스를 타고 30분 정도 가면 나오는 교외 주택가에 있었다. 언덕과 산 정상부에 18홀 골프코스가 세워졌는데, 이는 1889년 브리티시

2 1456년 브런츠필드 링크스 근처에 세워진 최초의 골퍼를 위한 술집 겸 프로샵

오픈을 세 번이나 우승한 밥 퍼거슨과 19세기 말 골프채 장인으로 유명한 피터 맥큐언이 함께 설계했다. 그 후 블레이드 힐스 골프코스는 스코틀랜드의 전설적인 골퍼이자 설계자인 제임스 블레이드와 미국으로 이주해 3개의 메이저 대회를 우승한 토미 아머가 연습하던 코스로 유서 깊다. 하지만 처음부터 이런 사실을 안 것은 아니었다. '싼 게 비지떡'이라고, 처음엔 별 기대를 하지 않았다. 카드를 만들기에 급급했던 우리는 자그마한 클럽하우스 벽에 걸려 있던 역사적인 사진은 보지 못한 채 골프백을 메고 코스로 나갔다. 코스 전체에 가시금작화Gorse 관목이 펼쳐진 광경이 인상적이었다. 워

가시금작화로 가득한 블레이드 힐스 골프코스

터 해저드 하나 없는 코스에서 유일한 해저드는 바로 이 가시금작화 군락이었다. 군락들 사이로 좁고 고저차가 심한 땅에 18홀을 배치하다 보니 어쩔 수 없이 산 중턱 경사면에 페어웨이를 배치한 홀도 있었다. 이런 홀은 티 샷을 페어웨이에 안착시키기 힘들기 때문에, 번번이 한참을 굴러간 공을 쫓아 내려가 언덕 아래에서 5m 위에 있는 그린으로 세컨 샷을 해야 했다. 하지만 이런 요소들이 불합리하기보다는 코스에 맞게 샷 메이킹을 해야 하는 도전적인 코스로 기억된다. 코스 관리 상태가 좋았던 것도 아니고, 클럽하우스에 음료수 하나 제대로 비치되지 않은 시설임에도 불구하고 나는 5개 코스 중 이곳을 자주 찾았다. 그 이유는 코스못의 리듬감과 경관 때문이었다. 긴장의 끈을 놓는 순간 공은 가시나무숲을 향하곤 해서 어느 하나 지루한 홀이 없었다. 특히 라운딩 중반에 마주하는 에든버러시의 파노라마와 멀리 보이는 포스 만_{Firth of Forth}의 경관이 압권이었다.

이곳에서 내가 누릴 수 있었던 최고의 호사는 이른 아침 6개의 클럽만 담은 미니 골프백을 메고 집을 나와, 이층 버스를 타고 코스에 도착해 혼자서 9홀을 마친 후 오전 수업에 가는 정도였다. 지금 돌이켜 봐도 '무제한 골프 카드'는 골퍼가 250파운드로 살 수 있는 최고의 선물이었다. 그것도 일 년 내내 말이다.

02

잭 니클라우스와의
첫 인연

St. Andrews Old course 세인트 앤드류스 올드 코스

최초로 골프가 역사에 기록된 것은 1457년 스코틀랜드의 제임스 2세가 군인들을 대상으로 골프 금지령을 내린 사건이다. 골프가 얼마나 재밌었으면 활쏘기 훈련을 거부하고 바닷가로 나가 골프를 쳤을까? 군율을 어기는 리스크까지 걸 정도로 골프의 인기는 예나 지금이나 대단했던 것 같다. 이렇듯 문헌으로 보아 골프는 600년 이상의 역사를 가진다. 그렇다면 최초의 골프코스는 어디였을까? 스코틀랜드 세인트 앤드류스 바닷가에서 15세기 초부터 골프를 쳤고, 초기에는 22홀의 형태였던 코스를 1863년 올드 톰 모리스Old Tom Morris라는 설계자가 18홀로 개조했다고 한다. 올드 코스를 처음 경험해 본 사람들은 이구동성으로 이렇게 외친다. '이게 무슨 골프장이야! 바람만 엄청 불고, 잔디는 다 말라서 누렇고, 쉬어 갈 그늘집도 없고.' 쏟아져 나오는 불평은 100% 맞는 말이다. 올드 코스는 원래 골프코스로 만들어진 곳이 아니기 때문이다. 이곳은 오래된 해변의 벌판이었다. 잔디가 짧게 자란 해변의 벌판, 이것이 흔히 영국 골프코스를 일컬을 때 쓰는 단어인 '링크스Links'이다.

'링크스'란 해안에 위치한 특수한 지형을 일컫는 단어이다. 해풍과 파도로 인해 자

스코틀랜드 해변의 링크스, 던바어 골프 클럽

연적으로 모래 언덕이 생긴 장소를 일컫는다. 때론 다이내믹하게, 때론 미세하게 굽이치는 지형, 잔디가 잘 자랄 수 있는 기후와 지질 조건 덕분에 예로부터 이곳은 토끼나양 들의 이상적인 보금자리가 되었다. 이런 모래 언덕 사이를 누비며 마음껏 풀을 뜯어 먹는 양들 덕에 스코틀랜드 사람들은 언제나 짧게 관리(?)된 페어웨이에서 골프를즐길 수 있었다. 당시에 코스 설계란 용어가 있었을리 만무하다. 모래 언덕 사이 적당한 곳에 구멍을 뚫고 깃발을 꽂아 타깃으로 삼는 것이 전부였다. 코스 설계에서 가장초기 단계를 길 찾기인 라우팅Routing[1]이라 부르는 것도 이런 전통에서 기인한다.

세인트 앤드류스의 올드 코스도 예외는 아니다. 인간의 손이 아닌, 자연이 만든 길을 따라 마을 중심에서부터 9홀을 치고 나가, 다시 9홀을 치면서 마을로 돌아오는 여정은 곳곳에서 예상치 못한 복병을 만나게 된다. 다양한 크기와 모양의 벙커는 어쩌면그리도 공이 떨어질 만한 위치에 도사리고 있는지! 모래 둔덕에 들어간 공을 쳐 내느라 더 깊숙이 파헤쳐진 곳이 지금의 벙커가 되었다는 가설은 충분히 믿을 만하다.

1   골프장 부지에 홀이 놓일 공간을 표시하는 것

보는 이로 하여금 탄성을 자아내게 하는 '헬Hell' 벙커. 골퍼들에게 얼마나 끔찍한 악몽이었으면 '지옥'이라는 이름이 붙었을까. 100평이 넘는 광활한 모래밭에서 수직에 가까운 3m 높이의 잔디 절벽을 올려다보면 그 이름값을 실감하게 된다. 1995년 잭 니클라우스가 아마추어의 스코어 카드에나 등장하는 더블 파²로 무너진 곳이 바로 헬 벙커다. '헬 벙커' 외에도 재미있는 이름이 많다. 영국 윌리엄 왕자의 모교이기도 한 세인트 앤드류스 대학에 재학 중인 연인들의 은밀한 데이트 장소였던 '스튜던트 벙커Student bunker', 코스 옆 산책로를 지나던 미녀를 쳐다보느라 벙커에 빠져 발목골절상으로 골프를 못하게 된 해군제독을 기념(?)하기 위해 붙여진 '제독의 벙커Admiral's bunker', 1978년 브리티시 오픈에서 토미 나카지마Tommy Nakajima의 공을 무려 4타 만에 내보낸 후 붙여진 '나카지마 벙커' 등 올드 코스에는 600년 역사를 대변하는 수많은 벙커가 세계 각국의 골퍼들을 기다리고 있다.

2 홀이 정해 놓은 스코어보다 두 배로 치는 경우 사용한다.

헬 벙커

바람 또한 결코 무시할 수 없는 복병이다. 북해에서 불어오는 찬바람은 한여름에도 한기를 느낄 정도로 매섭다. 날아가는 공도 집어삼킬 듯한 기세로 부는 바람은 장타자라도 165m의 파3에서 드라이버를 들어야 하는 황당한 상황도 벌어진다. 반대로 운이 좋아 순풍에 돛이라도 달게 되면 270m 이상의 드라이버 샷도 가능하다. 그래서 스코틀랜드인들은 '바람 없는 골프는 골프가 아니다'라고 할 정도로 바람이 눈에 보이지 않는 해저드 역할을 톡톡히 한다.

올드 코스의 첫인상은 무뚝뚝하고 직선적이다. 하지만 시간이 흐를 수록 그 가치를 느끼게 되어 마치 오래 묵은 포도주, 평생을 함께하고 싶은 죽마고우와 같다.

2005년 세134회 디 오픈 챔피언십이 열린 세인트 앤드류스 올드 코스에서는 역사적인 이벤트가 열렸다. 디 오픈 3회 우승을 포함해 통산 메이저 최다승인 18승을 자랑하는 전설적인 골퍼 잭 니클라우스의 고별 라운드가 있었기 때문이다. 앞으로 디 오픈에서는 잭을 볼 수 없다는 사실에 세계 각지에서 수많은 갤러리들이 모였다. 잭은 디 오픈이 개최된 다른 코스들 대신 왜 굳이 올드 코스를 선택했을까? 올드 코스에는 링크스 코스의 '진정한 정신'이 살아 있다. 이곳에 와 본 사람이라면 마음 속 깊이 각인되었을 1번 홀

나카지마 벙커

2005년 디 오픈 올드 코스 1번 홀 티 샷

의 티 샷. 1번 홀 티잉 그라운드는 골프 역사의 단면을 보여 주는 R&AThe Royal and Ancient Golf Vlub of St Andrews[3] 클럽하우스를 배경으로 행인들도 발걸음을 멈추고 지켜보게 되는 곳이다. 골프 역사의 한가운데 서 있다는 가슴 떨림은 아마추어나 골프 황제에게나 마찬가지였을 것이다. 한 시대를 이끈 챔피언은 자신의 마지막 모습을 이런 드라마틱한 배경과 함께 팬들의 가슴속에 영원히 남고 싶지 않았을까?

2005년 7월 14일 디 오픈 첫날, 로열 뱅크 오브 스코틀랜드는 잭의 고별 라운드를 기념하기 위해 5파운드 기념 지폐를 발행했다. 보통 왕이나 정치가, 저명한 학자가 지폐의 주인공이 되는데 골프 선수가 그 자리를 차지한 것이다. 지폐의 뒷면은 잭의 우승 기록과 우승컵인 클래릿 저그를 들고 있는 사진으로 장식됐다. 그가 마지막 홀의 스윌컨 브릿지Swilken Bridge[4]에서 내가 앉아 있던 17번 홀 갤러리 스탠드를 향해 손을 흔들 때만 해도 그와의 인연이 한국에서 다시 이어질지는 전혀 몰랐다.

---

3 역사상 가장 오래된 골프 클럽이며 미국의 USGA와 더불어 골프의 규정 등을 만드는 기관이다.
4 올드 코스 18번 홀 페어웨이에 있는 작은 돌다리

잭 니클라우스의 고별 무대가 된 스윌컨 브릿지

노스 베릭 골프 클럽, 웨스트 링크스 © Gary Lisbon

03

링크스 코스의
숨겨진 맛집

|

North Berwick Golf Club 노스 베릭 골프 클럽

유명한 맛집이 모인 동네에서 긴 줄을 피해 근
처 외진 음식점에 들어갔다가 단골이 되는 경
우가 있다. 스코틀랜드 이스트 로디언 지역의
노스 베릭이 바로 그런 숨겨진 보물 같은 골프
코스이다. 골프 성지 순례를 나선 골퍼들에게
손꼽히는 스코틀랜드의 명 코스는 세인트 앤
드류스 올드 코스, 턴베리, 뮤어필드와 카누스
티처럼 TV에 나오는 디 오픈 챔피언십 무대이
다. 그런데 언젠가부터 노스 베릭이라는 이름
이 골프마니아들에게 회자되기 시작했다.

　노스 베릭은 골프 역사에서도 중요한 획을
긋는다. 1832년에 설립된 세계에서 13번째로
오래된 클럽이며, 설립 당시의 디자인 그대로

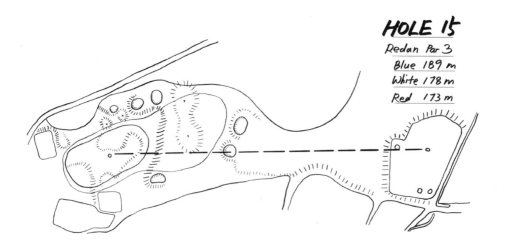

웨스트 링크스 15번 리단 홀 평면도 : 우측에서 좌측으로 동시에 전방에서 후방으로 경사가 점차 낮아지며 플레이 선상에 대각선으로 배치된 그린, 그린 전방 50m 지점에 두 개의 항아리 벙커가 시야를 가려 그린 굴곡의 식별을 어렵게 함. 홀컵의 위치에 따라 그린 굴곡을 활용하는 기술이 필요함

180년 이상 플레이되는 몇 안 되는 링크스 코스이자 세계 최초로 여성 회원을 허용한 클럽이기도 하다. 이런 역사적 사실만 봐도 오랜 세월 동안 초야에 묻혀 저평가 된 코스라고 할 법하다. 그러나 노스 베릭의 매력은 역사적 사실에만 있지 않다.

이곳은 즐거움과 도전이 균형 있게 조화를 이룬 링크스 코스의 대표 맛집이다. 포스만에 인접해 6개 홀이 바다를 끼고 있고, 매 홀 기억에 남을 만한 특색 있는 코스로 골프의 백과사전이라고 할 수 있다. 이 표현에 가장 걸맞는 파3, 15번 홀 리단Redan은 세계적으로 가장 많이 모방된 홀로 유명하다.

노스 베릭을 특별하게 만드는 요소는 외국에서 찾아온 골퍼들의 고정 관념을 철저하게 깨트리는 해저드이다. 해변의 백사장, 페어웨이 한가운데를 가로지르는 돌담, 조금의 실수도 용납하지 않는 도랑, 구덩이라고 불리는 깊은 벙커, 펜스 밖 주차장의 자동차들 그리고 마지막으로 코스 안팎을 배회하는 행인과 강아지들.

스코틀랜드의 많은 코스들이 그러하듯, 링크스는 개인이 아닌 마을 소유이다. 그래

위: 페어웨이를 가로지르는 돌담
아래: 웨스트 링크스에서 바라본 바스 록 섬

서 코스에서는 산책하는 주민과 애견들을 심심치 않게 볼 수 있다. 마치 영국의 불문법같이 이곳의 주민들과 골퍼들 사이에는 서로의 권리를 존중하는 무언의 합의가 있다. 코스 내부에서는 골퍼에게 우선권이 있다. 만약 주민이 백사장을 산책하다 미스샷에 노출되면 캐디는 주의해달라고 공손하게 요구한다.

링크스의 단단한 페어웨이에 익숙하지 않은 골퍼들, 특히 잔디의 폭이 넓은 조시아Zoysia[1] 잔디 위로 떠 있는 라이에 익숙한 한국 골퍼들에게는 눈앞에 도랑을 넘겨 치는 짧은 어프로치 샷이 매우 부담스럽다. 자칫 촘촘하고 짧은 페스큐Fescue[2] 잔디의 페어웨이에서 뒷땅이라도 칠 경우 공은 여지없이 도랑에 빠지기 때문이다. 반대로 페어웨이를 벗어나면 페스큐 잔디가 길고 빽빽한 러프에서 아이언 헤드가 잘 빠져나가지 않는다. 한국에서 익숙한 경기 리듬을 잃기 쉬운 곳이 링크스이다. 무라카미 하루키는 그의 에세이집《위스키 성지순례》에서 싱글 몰트 위스키를 처음 접한 이들의 경험을 이렇게 묘사했다. 평소 블렌디드 위스키에 익숙한 이들이 싱글 몰트 위스키를 처음 대할 때 '이게 뭐지?' 하는 반응을 보인다고 한다. 블렌딩 된 위스키의 부드러움과는 정반대인 러프한 이탄 향에 놀라는 것이다. 강한 호기심에 다시 한 모금을 넘기면 그 순간부터 싱글 몰트의 마력에서 벗어날 수 없게 된다고 말한다. 링크스도 마찬가지이다. 첫 번째 링크스 코스 여행을 온전히 즐기지 못했다 하더라도, 다시 방문하고 싶은 마음이 든다면 링크스의 마법에 걸렸다는 증거이다. 이곳 노스 베릭은 그런 마법에 걸리기에 가장 좋은 장소이다.

스코틀랜드를 방문하는 골퍼들에게 이 코스를 꼭 추천하고 싶다. 이곳을 한국에서 여행 온 조경학과 교수와 방문할 기회가 있었다. '기차역에서 만나자'는 내 제안에 당황하던 그 모습을 아직도 잊을 수 없다. 반신반의하는 그를 에딘버러 웨이버리역에서 만나, 40분 정도 기차를 타고 노스베릭역에 도착했다. 그곳에서부터 캐디백을 메고

---

1 흔히 안양 중지라고 알려진 난지暖地형 잔디의 포괄적인 명칭
2 한지寒地형 잔디의 일종

15분 남짓 걸어 클럽하우스에 도착하자 비로소 그는 내 말을 믿는 것 같았다. 언제 오더라도 매번 새로운 모습을 보여 주는 이곳에서 그 교수는 생애 첫 링크스 코스 라운딩을 끝낸 후 맥주 한잔을 제안했다. 그는 클럽하우스에서 저녁노을을 바라보며 흐뭇한 표정과 함께 이런 말을 건넸다. "정말 즐겁고 색다른, 평생 잊지 못할 라운드였어!" 그때 클럽하우스 창밖에 보이는 마지막 홀 페어웨이에는 주인이 던진 테니스공을 물고 즐거워하는 점박이 개가 뛰놀고 있었다. 돌아오는 기차 안에서의 대화 역시 더할 나위 없이 즐거웠다.

웨스트 링크스 18번 홀 페어웨이

04

사랑하는 사람과
함께하고 싶은 하이랜드의 궁전

|

The Gleneagles Resort 글렌이글스 리조트

우여곡절 끝에 시작한 에딘버러 대학 석사 과정은 유럽 골프코스 설계자 협회에서 강사를 제공하고, 학교는 장소와 학위 수여 등에 관련된 역할을 분담했다. 현역에서 일하는 설계자들의 강의는 생동감이 넘쳤다. 코스 공사 현장을 견학하거나 역사적인 코스를 방문해 총지배인과 코스 관리 책임자를 만나 생생한 현장 지식과 경험을 공유받고, 라운딩 기회도 주어졌다. 런던 근교 서리 지역의 히스랜드Heathland 코스 투어나 스코틀랜드 서해안의 링크스 코스 투어 등 살아 있는 교육을 경험하는 소중한 시간이었다. 골프의 성지에 있다 보니 당일치기로 다녀올 수 있는 유서 깊은 명문 코스들도 많았다.

에딘버러에서 북쪽 하이랜드로 한 시간을 차로 달리면 '오치더라더'라는 지역의 글렌이글스 호텔에 도착한다. 2005년 G8 정상 회담 장소로 유명한 이곳은 1924년에 개장한 세계적인 리조트이다. 칼레도니아 철도 회사의 중역이던 도날드 메티슨Donald Matheson은 1910년 오치더라더 계곡에서 휴가를 보내던 중 그의 인생을 송두리째 바꾸는 아이디어를 얻는다. 당시 기차 여행이 비즈니스맨들의 일상이 되자, 곧 이런 트렌드가 여가에도 영향을 줄 것으로 예견하고 이곳에 하이랜드의 궁전과 같은 호텔을 건설하기로 마음먹었다.

해와 달이 교차하는 스코티시 하이랜드의 하늘 아래 아름답게 굽이치는 대지. 멀리 오칠Ochil Hills산이 감싸 안은 아늑한 공간은 카멜레온처럼 시시각각 변하며 우아한 자태를 뽐낸다. 지난 100년간 영국 왕실을 포함한 세계적 명사들의 여름 휴양지 역할을 할 만큼 완벽한 휴식처가 바로 글렌이글스이다.

글렌이글스 호텔에는 두 가지 서비스 철학이 있다.

첫째, 게스트가 현관을 들어설 때부터 떠날 때까지 방문한 이들 중 가장 중요한 VIP라고 느끼게 하는 것

둘째, 게스트가 갖고 있는 모든 기대치를 능가하는 서비스를 보여 주는 것

글렌이글스의 운영 철학은 이렇다. 이곳을 이루는 작은 부분들이 모여 하나가 되었을 때 말로 설명할 수 없는 신비로움이 탄생하며, 이런 신비로움은 매니저가 바뀌고, 주방장이 바뀌더라도 변치 않아야 한다.

호텔의 다양한 레저 시설 중 가장 인기 있는 곳은 세계 수준을 자랑하는 골프코스이다. 도날드 매티슨은 20세기 초, 디 오픈 챔피언십 5관왕이자 당대 최고의 코스 설계자였던 제임스 블레이드James Braid를 초청해 킹스 코스와 퀸스 코스를 디자인하게

했다. 그에게 요청한 사항은, '극적이고 어렵게 보이도록 만들되, 실제로는 쉽게 플레이되도록 해달라.'였다.

볼 때는 두려움이 들 정도로 어려워 보이지만 실제로는 쉽게 플레이되는 코스를 설계하려면 골프에 대한 깊은 이해와 뛰어난 디자인 능

글렌이글스 리조트 입구

력이 필요하다. 킹스 코스를 정복하는 비법은 아이언 샷에 있다. 티 샷에 앞서 눈앞에 보이는 페어웨이 벙커들은 자칫 스윙을 얼어붙게 할 만큼 어려워 보인다. 그러나 막상 공이 떨어진 지점에 가면 의외로 넉넉한 공간이 있다는 사실에 놀란다. 이것이 바로 매티슨이 설계자에게 주문했던 리조트 코스가 가져야 할 특징이었다. 반면 그린을 공략할 때는 깃대 너머 펼쳐진 광활한 대지와 하늘, 그리고 티끌 하나 없는 깨끗한 하이랜드의 공기로 인해 목표 지점이 실제보다 더 가깝게 느껴지곤 한다. 아이언 샷의 거리 조절과 정확도가 어느 때보다 중요한 코스가 바로 이곳이다.

킹스 코스의 시작인 1번 홀은 마치 롤러코스터를 타기 전에 가파른 경사를 올라가는 듯하다. 널찍한 페어웨이 덕분에 마음껏 티 샷을 할 수 있지만, 페어웨이로부터 보이는 그린은 3층 건물의 옥상에 있는 것처럼 느껴진다. 아이언 샷을 테스트할 기회가 온 것이다.

킹스 코스에서 가장 인상 깊은 공간은 제임스 블레이드 '최고의 홀'이라 불리는 13번 홀과 '아름다운 보금자리'라고 불리는 14번 홀이 연속되는 곳이다.

완벽한 아이언 샷을 했을 때의 느낌을 표현한 구절이 있다.

'뜨거운 칼날이 버터를 통과하는 것과 같은 부드러움'

13번 홀에서 나는 꽤 괜찮은 드라이버 샷으로 왼쪽 페어웨이 벙커를 넘긴 후 174m를 남겨 놓은 상황이었다. 설계자 제임스 블레이드가 디자인한 홀의 공략법을 떠올리며, 5번 아이언으로 골프공을 눌러 치는 순간 이 구절이 표현한 느낌을 실감했다.

공은 아름다운 드로우[1] 포물선을 그리며 깃대를 향해 날아가 그린에 떨어진 후 좌측으로 흘러 홀컵 우측 3m 지점에 멈췄다. 16년이 지난 지금도 하이랜드의 풍경 속에 아름답게 날아가던 골프공의 모습이 기억에 생생하다.

제임스 블레이드 최고의 홀을 끝내면 티 샷으로 그린을 공략할 수 있는 파4홀이 기다린다. '아름다운 보금자리'라는 표현이 말해 주듯 소나무로 둘러싸인 14번 홀의 그

---

1 오른쪽에서 왼쪽으로 휘어지는 샷. 반대로 왼쪽에서 오른쪽으로 휘어지는 샷은 페이드라 한다.

위: 킹스 코스 1번 홀 'Dun Whinny', 아래: 킹스 코스 13번 홀 'Braid's Brawest'

킹스 코스 14번 홀 'Denty Den'

린은 일자로 정렬된 6개의 벙커를 과감히 넘겨야만 도달할 수 있다. 화이트 티에서 238m, 블루 티에서 283m인 이 홀에서 바람을 뒤에 업고 치면 충분히 노려 볼 만한 가치가 있다. 머나먼 하이랜드까지 온 골퍼라면 안정적인 샷은 가당치 않다. 이 홀에서는 티 샷으로 그린을 공략하는 모험을 해 보기를 권한다.

멀리 오칠산의 눈부신 풍광이 시야를 가득 채운다. 같은 녹색이라도 색상과 색조가 모두 다른 하이랜드의 캔버스는 여름날의 하늘 아래 펼쳐진 녹색의 향연이다. 역사상 최고의 골퍼 중 한 명으로 손꼽히는 리 트레비노Lee Trevino가 처음 글렌이글스에 왔을 때 이곳의 풍경에 감탄하며 다음과 같이 말했다고 한다. "만약 천국이 여기만큼 아름답다면, 적어도 나를 위해 골프 칠 자리를 몇 개 남겨 두었으면 한다."

언젠가 가시금작화의 진노랑과 야생화의 보라빛이 하이랜드 궁전의 언덕을 가득 채울 때, 다시 한 번 글렌이글스의 신비로움을 온전히 느껴 보고 싶다. 그 순간 내 옆에 사랑하는 사람이 함께한다면 더 바랄 게 있으랴!

05

골프의 DNA를 전파한
도널드 로스

|

Royal Dornoch Golf Club 로열 도녁 골프 클럽

스코틀랜드의 북단, 하이랜드로 불리는 지역은 수백 종의 싱글 몰트 위스키 산지로 유명하다. 하지만 골프마니아들에게는 또 다른 중요한 의미가 있다.

평생 한 번쯤 꼭 가 보고 싶은 '골프 성지 순례' 목록을 작성한다면, 하이랜드에 유독 그 성지들이 많기 때문이다. 유럽 성지 순례의 대표적인 루트가 스페인 서해안의 산티아고 데 콤포스텔라까지 가는 길이라면, 골프의 성지 순례는 에딘버러부터 노스 베릭, 뮤어필드를 거쳐 세인트 앤드류스의 올드 코스에서 방점을 찍고 카누스티, 로열 에버딘과 크루던 베이를 지나 하이랜드 북단 서더랜드주에 위치한 로열 도녁Royal Dornoch에 이르는 길을 추천한다.

구전되는 역사에 의하면 도녁에서는 1616년부터 골프가 시작되었다고 한다. 17세기 초반의 골프는 과연 어떤 모습이었을까? 이 시기엔 둥근 조약돌이나 나무를 깎아 만든 공으로 골프를 치던 시절을 지나, 깃털을 가득 채운 훼더리깃털을 채워 넣은 가죽 공를 사용했다고 한다. 요즘 골퍼들이 흔히 '고구마'라 부르는 레스큐 클럽의 헤드를 닮은 우

하이랜드 골프 성지 순례 지도 © Shutterstock

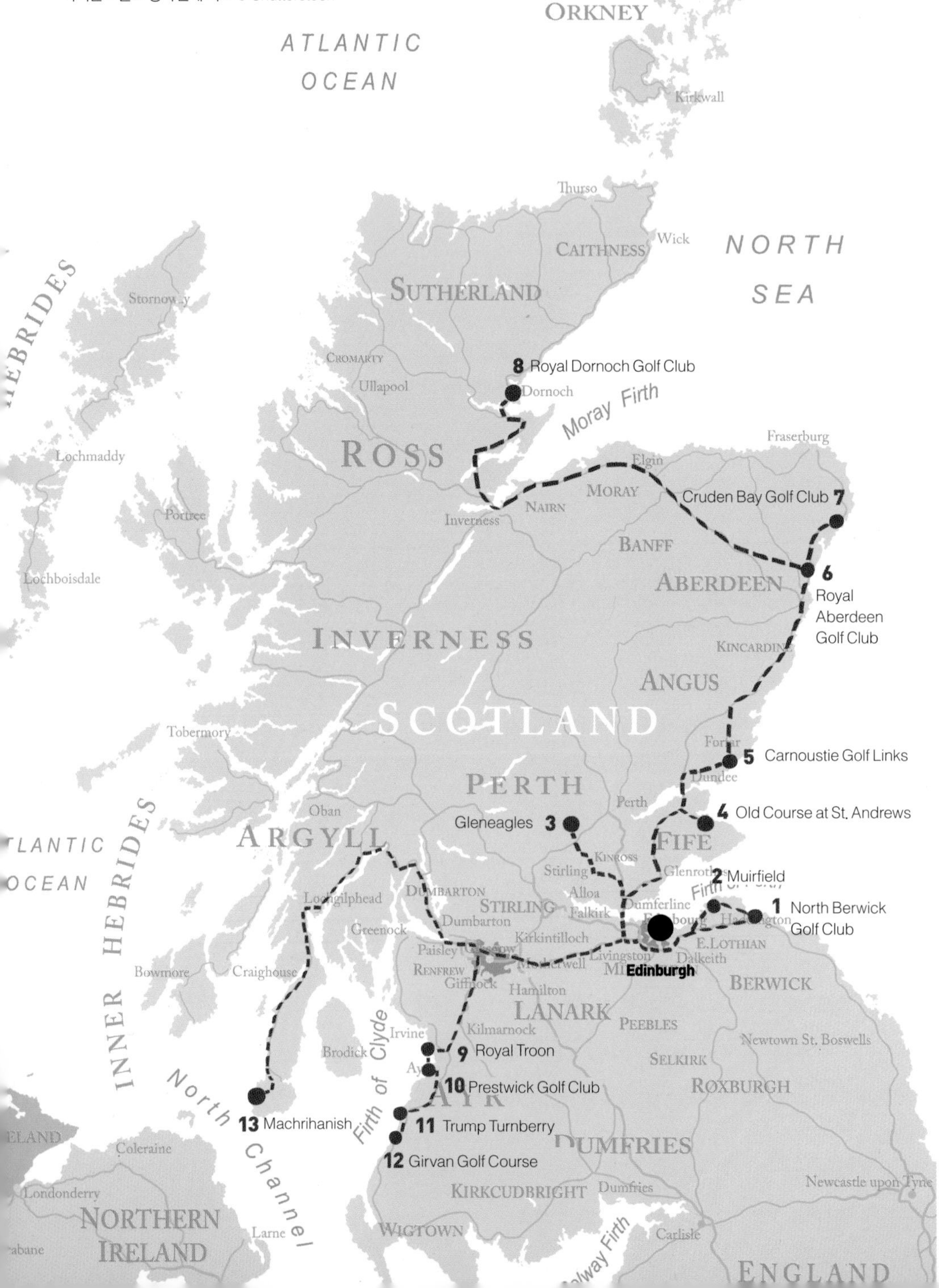

8 Royal Dornoch Golf Club

Cruden Bay Golf Club 7

6 Royal Aberdeen Golf Club

5 Carnoustie Golf Links

3 Gleneagles

4 Old Course at St. Andrews

2 Muirfield

1 North Berwick Golf Club

Edinburgh

9 Royal Troon

10 Prestwick Golf Club

11 Trump Turnberry

13 Machrihanish

12 Girvan Golf Course

5번 홀 'Hilton' 티에서 바라본 페어웨이 © Gary Lisbon

드[1]로 훼더리를 쳤다. 훼더리는 만들기 까다롭고 비싼 반면 내구성이 약했기 때문에 이를 손상시키지 않도록 아이언 대신 주로 우드를 사용했다. 아이언이 본격적으로 사용된 시기는 '거타 퍼차Gutta-percha[2]'라고 불리던 고무공이 발명된 19세기 중반부터였다.

로열 도넉 골프 클럽은 1887년 하이랜드 지역의 골프를 평정했던 알렉산더 맥하디Alexander McHardy와 세인트 앤드류스에서 유학한 휴 군Hugh Gunn 박사가 함께 설립했다. 이곳은 초기에 9홀로 시작했고, 1886년 올드 톰 모리스에 의해 18홀로 증설되었다. 19세기 말에 설립된 골프 클럽치고 올드 톰 모리스의 손을 거치치 않은 곳이 없을 정도로, 그는 당시 골프계의 거장이었던 듯하다. 1906년 에드워드 7세로부터 왕립 칭호를

---

1 골프채의 일종으로 아이언과 달리 둥글고 큰 헤드와 긴 샤프트를 갖추어 공을 멀리 치는 용도로 쓴다. 과거에는 감나무로 만든 헤드를 쓰기도 했다.
2 거타 퍼차 나무에서 나오는 수액으로부터 생성된 천연 라텍스 성분 혹은 이것으로 만든 골프공의 명칭

받아 로열 도넉 골프 클럽이 되었지만, 그 후로도 로열 도넉은 고립된 위치 때문에 오랜 세월 숨겨진 진주 같은 코스였다.

이곳이 일반인들, 특히 미국 골퍼에게 알려진 계기는 1963년 골프의 올림픽이던 워커 컵Walker Cup[3]에서 미국 팀 주장으로 온 리처드 터프트Richard Tuft에 의해서였다. 그는 시합이 끝난 후 팀을 이끌고 하이랜드로 향했다. 그의 최종 목적지는 그가 어릴 적부터 귀가 닳도록 들어온 골프의 성지, 로열 도넉 골프 클럽이었다. 그의 아버지 리처드 터프트와 함께 미국 골프의 메카, 파인허스트 리조트를 건설한 '도널드 로스Donald Ross'의 고향이 바로 이곳이기 때문이다.

도널드 로스는 골프의 모든 것을 섭렵한 독보적인 전문가였다. 아마도 '20세기의 올드 톰 모리스' 같은 존재였던 듯하다. 1872년 목수의 아들로 태어난 그는 어릴 적부터 로열 도넉 골프 클럽에서 캐디로 일했다. 다년간의 캐디 생활과 연습을 통해 뛰어난 골프 실력을 갖춘 그에게 골프는 인생의 모든 것이었다. 하지만 그는 거기서 만족하지 않았다. 코스의 잔디 관리부터 클럽 운영에 이르기까지 골프 클럽의 안팎을 속속들이 경험하고 배웠으며 골프채를 만드는 기술까지 갖췄다. 골프 전반에 걸쳐 타의 추종을 불허하는 전문가가 된 것이다. 이런 다재다능함 덕에 그는 20대 초반의 젊은 나이에도 불구하고 로열 도넉 골프 클럽의 '헤드 프로페셔널'이라는 직책에 올랐다. 하지만 스코틀랜드에만 갇혀 있기에는 그의 재능은 뛰어났고, 열정은 넘쳤다. 27세가 되던 1899년 여름, 더 넓은 세상에서 자신의 능력을 시험하기 위해 미국 보스턴으로 건너가 오클리 컨트리 클럽Oakley Country Club의 헤드 프로페셔널이 된다. 그 후 30년간 400여 개의 코스를 설계하는 업적을 세웠으며, 1947년 '미국 골프 설계자 협회'를 세우고 초대 회장을 역임했다.

그가 먼 미국 땅에 전파한 하이랜드 골프의 DNA는 그가 나고 자란 로열 도넉에서 나왔다 해도 과언이 아니다. 자연 훼손을 최소화해 걷기 쉽게 만든 라우팅Routing, 자연

속에 숨어 있는 골프에 최적화된 형태를 발현해 내는 코스 설계, 골퍼가 모든 샷에 집중력과 창의력을 발휘할 수 있도록 매 홀 색다른 챌린지를 구현한 것, 마지막으로 로열 도넉의 특색인 터틀백 그린 등이 바로 미국의 골프 설계 역사를 바꾸어 놓은 하이랜드의 DNA이다.

개인적으로 100대 코스 순위와 무관하게 로열 카운티 던6위보다 로열 도넉10위을 더 선호한다. 코스 전체에 활기찬 리듬감이 녹아 있기 때문이다. 무난한 첫 두 홀을 지나면, 이곳만의 매력을 서서히 보여 주는 3, 4, 5, 6번 홀의 완만한 내리막 스트레치Stretch[4]가 시작된다. 특히 파3, 6번 홀 그린은 좌측에 가시금작화 가득한 언덕에 자연스럽게 기댄 동시에 오른쪽으로 떨어지는 경사면 위에 있어서 안정감과 긴장감을 동시에 주는 보기 드문 아름다움이 있다.

평이하면서 바닷가를 접한 중반 홀 들을 지나면, 하이랜드 최고의 홀로 평가받는 13, 14, 15번 홀 스트레치에 도달한다. 특히 'Foxy'라 불리는 14번 홀은 벙커 하나 없이 지형의 굴곡만을 활용해 만든 홀로 유명하다. 16번 홀은 지금까지의 내리막 고저차를 한 번에 극복하는 오르막 홀로, 하늘과 맞닿은 듯한 그린의 풍경이 감탄을 자아내게 하는 훌륭한 브릿지홀Bridge Hole[5]이다. 여기서 끝이 아니다. 로열 도넉에서는 클럽하우스로 돌아오는 길의 마지막 홀들이 평이하다는 링크스 코스의 약점을 찾아볼 수 없다. 17번 홀은 해변 너머 하이랜드 산맥의 파노라마를 감상하며, 내리막 블라인드 티샷을 한 후 자연스런 둔덕과 항아리 벙커로 보호받고 있는 그린을 향해 정확한 아이언 샷을 요구한다. 마지막 홈 커밍 18번 홀도 안정감을 주는 티 샷 이후, 하루를 마감하는 편안한 홀로 손색없다. 베토벤의 전원 교향곡을 감상할 때와 같이 평화로운 자연과 교류할 수 있는 코스가 바로 로열 도넉이다.

도넉 지방은 깨끗한 물로도 유명하다. 이곳에 글렌모렌지, 발브레어, 달모어를 포함

4   3개 이상의 연속되는 홀의 조합
5   홀과 홀 사이를 연결하는 홀

위부터 6번 홀 'Whiny Brae' ©Gary Lisbon, 16번 홀 'High Hole', 14번 홀 Foxy 그린

한 많은 위스키 생산지가 있다. 스코틀랜드산 싱글 몰트 위스키 이름 중 유독 'Glen'이란 단어가 자주 눈에 띄는 이유는, 스코틀랜드의 옛 방언인 게일릭어로 '협곡'이라는 뜻이기 때문이다. '모렌지'는 '고요하다'는 뜻. 그러므로 고요한 계곡에서 흘러내린 청정수로 만든 위스키가 글렌모렌지인 것이다. 내가 처음 이 위스키를 접한 곳은 이스트로디언의 굴렌Gullen 골프 클럽에서였다. 바람에 맞선 한판 승부를 하고 얼어붙은 몸을 녹이기 위해 들어간 클럽하우스 찬장에서 오렌지색 라벨이 눈에 띄었다. 첫 모금을 넘긴 순간 라프로익이나 라거불린(모두 스코틀랜드 아일레이 섬의 위스키) 같은 거친 느낌보다는 부드러운 감촉이 돋보였다. 그 후로 글렌모렌지를 좋아하게 되었고 지금까지도 위스키를 좋아하는 지인들에게 선물할 정도로 홍보 대사가 되길 주저하지 않았다.

참새가 어찌 방앗간을 그냥 지나치랴. 나는 로열 도녁을 가는 길에 있는 글렌모렌지 증류소에 들러서 위스키 생산 과정을 견학했다. 1886년 올드 톰 모리스가 로열 도녁을 증설하기 위해 이곳에 왔을 때, 그는 위스키 증류소가 보이는 13번 홀의 이름을 '모렌지'라고 지었다. 아름다운 도녁 만 너머 보이는 술도가의 굴뚝을 이정표 삼아 바닷가의 모래 언덕 사이를 누볐을 때 그의 뒷주머니에는 글렌모렌지 위스키를 가득 채운 힙 플라스크휴대용 술병가 들어 있지 않았을까? 지금은 초창기의 전통을 계승해 18번 홀을 '글렌모렌지' 홀이라 부른다.

하이랜드의 석양이 골퍼들의 그림자를 페어웨이에 길게 드리울 때, 글렌모렌지 한 잔을 들고 북해의 부서지는 파도를 바라보며 골프 성지 순례의 대미를 장식하는 것도 꽤 운치 있을 것이다.

글렌모렌지 증류소 투어

06

부모님과 함께한
북아일랜드 골프 라운딩

Royal County Down 로열 카운티 던

"뭘 그렇게 열심히 적고 있니?"

머리 올리기 전날 저녁, 아버지가 어깨 너머로 하신 말씀이다. 컨닝 페이퍼는 물론 아니었다. 스윙 이론과 코스 에티켓 등을 빼곡히 종이에 적어 뒷주머니에 넣고 라운딩 중간중간 참조할 계획이었다. 적어도 다음 날 아침 라커룸에 들어설 때까진 그 계획이 머릿속에 있었다.

사람들이 골프에 입문하는 계기는 다양하다. 직장 상사나 친구의 권유로 혹은 부부가 함께 취미 생활을 즐기기 위해 배우는 경우, 해외여행에서 우연히 필드에 나가 채를 잡는 상황도 가끔 생긴다. 실제로 미국 골퍼들의 1/3 이상이 가족이나 친구와 함께 간 휴양지에서 처음 골프를 경험한

위 : RCD 2번 홀과 전반 9홀 © Gary Lisbon
아래:세인트 앤드류스 올드 코스에서 찍은 가족 사진

다고 한다. 골프를 하며 수많은 실망과 후회를 맛볼지라도 자연스럽게 골프를 알게 된다는 건 누가 뭐래도 분명 행운이다.

아버지는 테니스를 즐겨 쳤다. 주로 어머니와 한 팀으로 복식 게임을 했는데, 덩달아 나 역시 중학교 여름 방학의 대부분을 테니스장에서 보냈다. 그러던 어느 날 테니스장 자리에 골프연습장이 들어섰고, 부모님은 자연스레 골프에 입문했다. 필드에 처음 나간 날 저녁, 아버지는 내가 적었던 비밀 노트의 행방을 물었다. 골프는 머릿속에 있는 이론을 몸에 배게 만들어 망설임 없이 해야 하는 스포츠라는 걸 알 턱이 없었다. 난생

처음 한 티 샷의 긴장감부터 마지막 퍼팅 후의 안도감이 들 때까지 5시간이 어떻게 지나갔는지 기억조차 나지 않았다. 뒷주머니의 비밀 노트는 땀에 번져 잉크 자국이 가득한 휴지 조각이 된 걸 그제서야 발견했다. 그게 골프와의 첫 만남이었다.

그로부터 8년 후 북아일랜드의 로열 카운티 던Royal County Down 이하 RCD에 아버지와 함께 갔다. 졸업식을 핑계 삼아 부모님도 링크스 코스를 한 번쯤 경험할 기회를 만들고 싶었다. 지난 2년간의 스코틀랜드 생활에서 링크스를 아는 골퍼와 모르는 골퍼는 천지 차이라는 생각이 확고해졌기 때문이다. 부모님은 굳이 먼 영국까지 골프를 치러 갈건 아니라고 극구 사양했다. 하지만 나는 스코틀랜드 졸업식엔 가족들이 꼭 참석하는 전통이 있다는 근거 없는 이유를 대며 일생에 다시 오지 않을 기회라고 설득했다. 부모님을 모시고 세인트 앤드류스로 가서 매주 일요일 일반인에게 공원으로 개방되는 올드 코스를 산책하고, 킹스반스Kingsbarns와 카누스티Carnoustie에서 라운딩을 했다. 이어 제임스 조이스의 더블린을 여행하고, 여행의 마지막 종착지인 북아일랜드 뉴캐슬의 로열 카운티 던까지 갔다.

장엄한 모운Mourne 산기슭과 북아일랜드 바다 사이에 자리 잡은 RCD는 1889년 설립됐다.

수도 벨파스트부터 철도가 연결된 뉴캐슬 지역은 북아일랜드의 해안 휴양지로 명성을 얻었다. 처음에는 뉴캐슬이라는 이름의 9홀로 시작해 수개월 후 스코틀랜드로부터 올드 톰 모리스가 초청됐다. 그는 이곳 해변에 이틀을 머물며 9홀을 추가해 총 18홀의 골프코스를 만들었다. 전에도 언급했듯 당시에 설계자가 했던 디자인이란 기존 지형에서 골프가 가능한 길을 찾아 그 길의 종착지에 그린의 위치를 발견하는 일이었다. 올드 톰 모리스가 다녀간 후에도 많은 이들의 손을 거쳐 뉴캐슬은 더욱 발전했다. 1908년 에드워드 7세로부터 왕립 칭호를 받은 후 비로소 '로열 카운티 던'이라는 이름을 사용하게 됐다. RCD의 발전은 여기서 그치지 않았다. 1925년 잉글랜드의 위대한 설계자 해리 콜트Harry Colt가 초청돼 지금까지도 RCD 최고의 홀로 손꼽히는 4번 홀과 9번 홀을 만들었다. 이렇듯 끊임없이 발전한 RCD를 영국의 저명한 골프 역사가 버

RCD 15번 홀과 후반 9홀 © Gary Lisbon

나드 다윈Bernard Darwin은 다음과 같이 표현했다.

"가장 황홀한 꿈에서나 경험해 볼 수 있는 골프이다."

타이거 우즈가 그의 최고 전성기였던 2000년, RCD를 처음 방문해 기록한 스코어는 아직도 지역 주민들의 입에 오르내린다. 첫 홀에서 4번이나 퍼팅을 해야 했던 그는 전반 9홀을 5 오버 파로 마쳤고, 후반에도 타수를 줄이기는커녕 계속 고전하며 80타 이상을 쳤다. 이렇듯 RCD는 녹록치 않은 코스이다.

RCD에서 첫 라운딩을 앞둔 골퍼에게 하고 싶은 조언이 있다. 첫째, 짙은 속눈썹을 한 괴물 같은 벙커 앞에서 절대 긴장하는 모습을 보이지 말 것.(참고로 이곳엔 '마람'이라 불리는 잔디 속눈썹을 붙인 괴물들이 총 136개 살고 있다.) 둘째, 캐디가 언덕 위에 박힌 하얀 돌을 타깃으로 티 샷을 넘겨 치라고 말하면 의심하지 말 것.

앞으로 이어질 홀 들에 비해 상대적으로 쉽고 편안한 오프닝 1번 홀을 지나면, 2번

RCD 2번 홀의 클래식 벌칙형 벙커

홀에서는 처음 보는 광경에 당황하게 된다. 그린 전방의 좁은 페어웨이 언덕에 박혀 있는 무시무시한 벙커는 마치 눈썹을 치켜 세우고 길을 가로막고 선 저승사자 같은 모습이다. '나를 넘어뜨리지 못하면 이곳을 지나갈 수 없어'라고 말하는 것처럼. 클래식 벌칙 형(p.226 참고) 벙커를 이보다 더 잘 설명할 수는 없을 것이다.

4번 홀은 북아일랜드가 낳은 세계적인 프로골퍼 로리 멕킬로이가 가장 사랑하는 홀이다. 높은 언덕에 위치한 티잉 그라운드에서 내려다보는 녹색 페어웨이와 그린은 노란 가시금작화 장관과 어우러져 골퍼에게 기분 좋은 감동을 준다. 7개의 벙커가 그린 앞에 도사리고 있고, 그린 후방에도 2개의 벙커가 숨어 있어 자로 잰 듯한 정확한 샷이 필요한 홀이다.

9번 홀은 세계적으로 가장 아름다운 홀로 손꼽힌다. 영화의 한 장면을 완벽하게 만들기 위해서는 세트, 조명과 함께 주연과 조연, 심지어 엑스트라 배우들까지도 자신의 역할을 해 내야 한다. 이 순간을 연출하는 것이 감독이고, 이를 카메라에 담아 음향을 더해 편집하는 과정까지 거쳐야 비로소 작품으로 탄생한다. 9번 홀은 마치 이런 과정을 한 개의 골프 홀에 집약시켜 놓은 것과 같다. 모운산의 거대한 스케일과 슬리브 도널드 호텔의 첨탑이 어우러진 장관을 온몸으로 느끼며 티잉 그라운드에 서면, 완만한 오르막 언덕 너머 미지의 공간으로 드라이버 샷을 해야 한다. 공이 떨어진 지점을 찾

RCD 3번 홀 그린

아 페어웨이 언덕 정상으로 올라가 그린 위 깃대와 함께 펼쳐진 파노라마의 장관을 내려다보는 순간 가슴 속이 뻥 뚫리는 것을 느낀다. 바람에 유영하는 갈매기와 골프백을 메고 내 옆을 걷고 있는 캐디는 이 장면의 훌륭한 조연이 된다. 이 순간의 주인공은 바로 나이고, 감독은 이 광경을 연출한 골프의 신일 것이다.

RCD를 방문한 후 나에겐 아직까지 이해가 안 되는 부분이 있다. 코스를 평가할 때 전반과 후반 9홀의 균형감을 중요시하고, 18홀의 총체적인 리듬감을 강조하는 나로서는 RCD의 후반 9홀은 전반에 비해 매우 실망스럽다. 그럼에도 불구하고 RCD를 다녀간 수많은 골퍼들, 특히 코스 전문가들이 이구동성으로 이곳을 높게 평가하는 이유는 무엇일까? 빠른 시일 내에 다시 한 번 RCD를 방문해 현장에서 후반 9홀을 철저히 분석하고 복기해 보려 한다.

슬리브 도널드 호텔에 머물며 북아일랜드에서 부모님과 라운딩 하는 호화로운 이틀을 보냈다. 북아일랜드 사람들의 친절함과 이곳의 합리적인 물가는 분명 다시 오고 싶게 만드는 매력이 있다. 부모님은 비록 익숙지 않은 블라인드 샷과 괴물 벙커 때문에 고생했지만 나와 보낸 일주일을 행복해했다. 내게 골프라는 소중한 선물을 준 아버지와의 라운딩이 앞으로 얼마나 더 있을지 알 수 없다. 그렇기에 그 순간들이 내겐 무척 소중하게 기억에 남는다.

RCD 9번홀 © Gary Lisbon

07

기다린 자에게 주어진
진실의 순간

|

Ballybunion Old Course 발리부니온 올드 코스

에든버러를 출발해 한 달 반 동안 스코틀랜드 하이랜드의 에버딘, 크루든 베이, 도녁의 북단까지 도달했고, 남으로는 잉글랜드 도버해협 근교의 싱크 포스Cinque Ports와 샌드위치까지 여정이 이어졌다. 지도를 따라 3-4시간을 운전해 주머니가 허락하는 B&BBed & Breakfast[1]를 찾는다. 아침에 일어나 베이크드 빈과 베이컨, 소시지로 배를 채우고, 트롤리수동카트의 영국식 명칭를 끌고 코스를 답사하는 하루하루가 반복됐다. 런던을 우회한 후 서해안의 리버풀, 버크데일과 리탐 앤 세인트 앤의 로열 골프 클럽들을 거쳐 다시 6시간 반을 달려 도착한 항구. 드디어 섬에서 섬으로 넘어갈 준비가 되었다.

아일랜드를 여행하는 동안 동쪽 해안의 로열 더블린과 포트마눅 골프링스를 시작으로, 섬 남단을 관통해 서해안의 트렐리, 발리부니온과 라힌치를 돌아볼 계획이었다. 가야 할 코스들이 많아 그중 최고만을 골라야 하는 일정이었다. 지금 돌이켜 보면 무리해서라도 좀 더 갈 걸 하는 아쉬움이 남는다. 하지만 아일랜드 섬에만 300개 이상의

1   아침을 제공하는 펜션과 같은 숙박업소

코스가 있으니, 전부 돌아보려면 일 년쯤은 걸릴 것이다. 과욕은 화를 부르는 법. 나와의 힘든 타협 끝에 북아일랜드의 카운티 슬라이고와 로열 포트러시를 거쳐 아버지와의 추억이 있는 로열 카운티 던에서 한 달 반 여정을 마무리하기로 했다.

바다를 건너 미지의 공간으로 향하는 여정은 떠나기 전의 추억을 되새겨 봄과 동시에 앞으로 펼쳐질 모험에 대한 기대와 설렘을 갖게 한다. 스코틀랜드 남단 스트랜라 항구에서 은색 박스홀 렌터카를 싣고, 북아일랜드의 벨파스트로 향하는 페리 안에서 록 밴드 U2의 노래 'With or Without You'를 들었다. 척박한 토양 위에서 수많은 시련에 길들여진 아일랜드인. 아일랜드에서는 자연과 공존하는 지혜와 자유를 쟁취하기 위한 강인한 저항 정신을 듬뿍 담은 독특한 스타일의 예술가가 많이 배출됐다. 그들의 몸속에는 거역할 수 없는 어머니의 땅, 대지가 전해 주는 이야기들이 담겨 있다.

이런 아일랜드만의 고유한 성격은 골프코스에서도 발견할 수 있다. 영국의 코스를 돌아보면 남쪽 끝 도버 해협부터 스코틀랜드 북단으로 올라갈수록 지형이 점점 더 다

ORKNEY
ISLANDS
Mainland   Kirkwall

Thurso

Stornoway

Lewis with
Harris

North
Uist

South
Uist   Skye   Inverness

HEBRIDES   Fort
                           William

Mull   Dundee

Islay   Perth   Saint Andrews

NORTH
ATLANTIC
OCEAN   Arran   Stirling   Kirkcaldy
                                           Edinburgh
                                           Newtown
                                           Saint Boswells

                              Glasgow

Royal Portrush Golf Club   Newcastle
16   North Channel   upon Tyne   Sunderland
          Stranraer   Carlisle   Durham
Londonderry   Dumfries   Middlesbrough
          Belfast   Northhallerton   Scarborough
Royal County   Isle of Man
Down Golf Club 9   (U.K.)   York   Kingston
County Sligo Golf Club 15   Leeds   upon Hull
                              Barrow-   Bradford
                              in-Furness   Grimsby
Portmarnock   Royal Lytham & St.   Preston   Lincoln
Golf Club 10   Annes Golf Club 8   Sheffield
              11   Royal Birkdale Golf Club 7
Royal Dublin Golf Club   Liverpool   King's
Lahinch Golf Club 14   6   Lynn   Norwich
                   Caernarf Royal Liverpool Golf Club   Stoke-on-
Ballybunion Golf Club 13   Trent   Ipswich
                                           Derby   Nottingham Peterborough
Tralee Golf Club 12   Aberystwyth   Shrewsbury   Leicester Cambridge
                                           Wolverhampton Birmingham
                                                         Coventry Northampton
          Saint George's   Hereford   Stratford-
          Channel   Fishguard   upon-Avon Luton   Nazeing
                            Carmartnen   Gloucester   Oxford Hertford The Royal St.
                            Swansea   Newport   London   George Golf Club
                            Cardiff   Reading   1
                   Bristol Channel   Sunningdale Golf Club 5   Canterbury
                                           Wentworth Golf Club 4 3   Dover
                            Bath   2
                                           Walton Heath   Royal Cinque
                            Taunton   Golf Club   Winchester Ports Golf Club
                            Exeter   Southampton Brighton
                                           Bournemouth Portsmouth
                            Plymouth Torbay   Newport
                                                       Weymouth
                            Truro   English Channel
                            Penzance

ISLES OF SCILLY

North
Sea

92

이내믹해진다. 이러한 변화는 아일랜드에서 절정에 이른다. 아일랜드의 해안선을 따라 여행하다 보면 '아! 어느 영화에서 나왔던 곳 같은데…' 하는 장소와 자주 마주하게된다. 신이 뿌린 듯한 기암괴석이 즐비한 해변과 만지면 분필 가루가 묻어날 듯한 뽀얀 절벽으로 굽이치는 해안선 등 다양한 지형을 감상할 수 있다. 이런 장소가 바로 아일랜드 '링크스 코스'의 모태이다.

링크스 코스를 처음 경험할 때 생기는 현상이 있다. '방향감 상실'. 말 그대로 어디로 가야 할지 모르는 난감한 상황이 벌어진다. 커다란 소나무나 바위, 건너편 산봉우리 같이 타깃으로 삼아 거리를 측정할 수 있는 산악형 코스와 달리 링크스 코스에서는 본능으로 샷을 해야 하는 경우가 많다. 의지할 데 없이 벌판 한가운데 내팽개쳐진 느낌이랄까. 설상가상으로 판단을 힘들게 만드는 바람까지 불면 믿을 건 자신밖에 없다. 생존을 위해 사냥터로 나가 감각과 경험에 의지해 먹잇감을 추적할 때 뿜어져 나오는 원초적 본능이 링크스 코스에선 필요하다.

발리부니온의 올드 코스는 대서양이 내려다보이는 거대한 모래 언덕 사이에 새겨놓은 아일랜드의 대표적인 링크스 코스이다. 1893년 8월 18일 아침, 이 마을의 캐슬 호텔에서 지역 유지들의 모임이 있었다. 일 년 전에 만들어진 12홀 코스를 중심으로 골프 친목 단체를 만들기 위해서였다. 영국의 전통적인 회원제 클럽의 탄생은 우리에게 익숙한 한국의 회원제 골프장과는 개념이 다르다. 사전 회원권 분양을 통해 건설 자금을 마련해 클럽하우스와 코스를 조성하는 한국의 골프 비지니스와 달리, 이곳의 회원제 클럽은 다양한 방식으로 만들어진다. 정해진 골프코스 없이 사교 모임으로 시작해 이곳저곳을 전전하다가 회원들이 돈을 걸어 전용 코스를 만드는 경우도 있고, 마을 소유의 해안가 부지를 빌려서 코스를 조성하고 주민들과 공유하는 클럽도 있다. 회원제 클럽은 수익을 내기 위한 사업이 아닌 회원들의 친목 도모와 건강한 라이프 스타일을 위해 존재하는 사교의 공간이었다. 발리부니온 골프 클럽도 12홀 코스 부지의 주인이던 조지 휴슨George Hewson으로부터 무료로 땅을 빌려 허가를 받고 설립됐다.

유명한 설계자 없이 최고의 모습을 갖춘 지 40년이 훌쩍 넘은 1936년, 아이리시 아마추어 대회를 앞두고 비로소 당대 최고의 설계자인 톰 심슨Tom Simpson이 초청됐다. 영국 신사 심슨은 코스를 돌아본 후 자신이 특별히 할 일이 없다고 말했다. 자연이 빚어낸 발리부니온의 가치가 증명된 순간이었다.

오랜만에 깊은 단잠을 잔 후, 아침 일찍 일어나 클럽에 도착했다. 시카고에서 대학생 아들과 함께 골프 여행 중인 외과의사와 한 팀이 되었다. 티잉 그라운드 옆 1번 홀은 수백 년 세월의 비바람을 견뎌 온 묘비들이 줄지어 있었다.

이를 지나 마치 삼국시대 고분 같은 커다란 모래 언덕 사이로 연결된 페어웨이 너머에 2번 홀 그린으로 올라가는 길이 있었다. 매 홀이 각도를 달리해서 진행되기 때문에 바람의 방향과 세기에 따라, 샷 하나하나에 상상력을 불어넣어야 한다. 발리부니온은 길을 찾는 재미가 있다. 링크스 코스 하면 흔히 떠올려지는 바닷가를 끼고 나갔다 들어오는 라우팅과 달리 이곳에서는 바다와 내륙, 내륙과 바다를 오가며 다양한 경치를 즐길 수 있다. 그래서 세계 100대 골프코스 중에서 언제나 상위권21위에 이름이 오른다. 이곳의 독특한 지형과 함께 대서양을 향해 탁 트인 경치는 가슴을 시원하게 만드는 매력이 있다. 해변과 나란히 위치한 11번 홀의 이름은 이 홀을 가장 사랑한 톰 왓슨의 이름을 붙여 'Watsons'이다. 챔피언십 티에서 494m에 이르는 길이와 해안선의 굴곡이 만들어 낸 자연 그대로의 해저드는 벙커 하나

발리부니온 올드 코스 11번 홀, 15번 홀

없이도 가장 터프하면서 거부할 수 없는 아름다움으로 가득 찬 홀로 만들었다.

톰 왓슨의 홀이 11번이라면, 나의 홀은 15번 파3였다. 라운드 중에 외과의사와 그의 대학생 아들을 만날 기회는 티잉 그라운드와 그린을 제외하곤 거의 없었다. 부자는 서로 공을 찾아 주느라 바빴고, 나는 골프 샷, 카메라 샷을 번갈아 하느라 정신없었다. 15번 홀 티잉 그라운드에 올라섰을 때, 대서양을 배경으로 펄럭이는 노란 깃발이 전에 없이 선명하게 눈에 띄었다. 마치 홀과 나 사이를 무엇인가 연결해 주는 듯한 느낌이었다. 가벼운 연습 스윙 후, 백스윙 톱에서 3번 우드를 리드미컬하게 깃대를 향해 스윙을 했다. 흰 공은 내 눈앞에서 하얀 뭉게구름과 대서양의 파도 속으로 잠시 사라졌다 다시 나타나 그린 위 홀컵 옆에 떨어졌다. 그린까지 내려가는 길에 외과의사가 부러운 듯 웃으며 내게 한마디를 던진다.

"준, 그런 멋진 샷을 했으니 이제 집에 가도 후회 없겠어."

Bonus Hole

골프코스 답사를 하며 찍은 사진 중 가장 아끼는 한 장이 있다면 발리부니온 2번 홀에서 찍은 사진이다. 라운딩 전에 카메라를 메고 미리 가 본 코스는 첫인상부터 독특했다. 그린에서 내려다보는 발리부니온과 대서양의 절경은 그야말로 압권이었다. 그린 뒤에 서서 경치를 즐기고 있던 그때 하늘을 가득 메우고 있던 구름이 걷히고, 잠시 대기가 밝은 빛으로 가득 채워졌다. 퍼팅을 하고 있던 골퍼들의 모습을 카메라에 담을 수 있었고, 그 순간은 나만의 소중한 'The Moment of Truth'가 되었다.

발리부니온 올드 코스 2번 홀 'The Moment of Truth'

08

하느님, 제 발가락을
낮게 하소서

|

Lahinch Old Course 라힌치 올드 코스

누구나 자신의 스윙 동영상을 처음 봤을 때를 기억할 것이다. 특히 골프를 스스로 터득해 싱글 핸디캡Single digit handicap[1]을 달성한 골퍼의 경우, 자신의 스윙 시퀀스 안에서 불편한 진실을 마주하게 된다. 내 경우는 그 결과가 더 비참했다. 정신적인 충격뿐 아니라 결국 몸에 무리가 오는 결과가 나타났으니 말이다.

2005년 8월, 에딘버러에서 골프코스 설계 과정을 마치고 귀국하기 전 스스로에게 두 가지 숙제이자 선물을 줬다. 한 달 반 동안 영국과 아일랜드의 유서 깊은 코스들 답사하기, 또 하나는 티칭 프로 자격증을 따는 것이었다. 독학으로 얻은 싱글 핸디캡이라는 자신감 하나로 도전했던 과정이다. 런던 북부의 네이징에 위치한 교육 센터는 저녁을 먹으려면 20분을 운전하고 시내로 나가야 했다. 피터라는 이름의 마스터 프로가 열흘간의 교육을 담당했다. 둘째 날로 기억한다. 피터는 수강생들의 스윙을 캠코더로 녹화해 한 명씩 돌아가며 보여 줬는데, 내 스윙을 본 순간 말 그대로 심장이 멎는 줄 알

---

1   한 자릿수 핸디캡이라는 뜻으로, 파 72타를 기준으로 평균 타수가 73타와 81타 사이의 골퍼를 지칭하는 용어

았다. 마치 도끼를 들고 통나무를 두 동강 내려는 듯한 다운스윙 이후 나무껍질을 벗겨 내려는 듯한 팔로우 스루는 세상 어디에서도 본 적 없는 기괴한 스윙이었다. 이런 형편없는 스윙을 위해 지난 4년간 쏟아부은 노력, 해괴망측한 스윙으로 돌아다닌 아름다운 골프장들 그리고 감히 골프를 가르쳐 주겠다고 괴롭혔던 친구들의 얼굴이 차례대로 떠올랐다. 큰 충격과 함께 겨우 하루 일정을 마치고 호텔 방으로 돌아온 나는 뜨거운 욕조 속에 몸을 담그고 곰곰이 생각했다. '난 이제부터 무엇을 해야 할까?'

다음 날 아침부터 일주일간 내 스윙을 뜯어 고치기 위한 작업에 들어갔다. 그야말로 처음부터 다시 시작한다는 마음으로 수업이 없는 시간을 이용해 드라이빙 레인지에서 왼 발바닥을 바닥에 고정시키고 수없이 많은 골프공을 쳤다. 일주일 후 얻게 된 보상은 멋진 스윙이 아니라 비뚤어지고 거대하게 부어오른 왼쪽 엄지발가락이었다. 다행히 필기 시험과 실전 교육 실습을 통과한 후 이틀간 진행된 라운드 테스트를 겨우 합격해 자격증을 받았다. 하지만 그 후유증은 남은 한 달 반의 일정을 위태롭게 할 정도로 심각했다.

그로부터 30일 후, 나는 아일랜드 서쪽 바닷가의 작은 마을 라힌치에 위치한 골프 코스의 연습 그린에서 라운딩을 기다리며 퍼팅 연습을 하고 있었다. 왼발의 통증은 걸음을 옮길 때마다 다리를 심하게 절룩거릴 정도로 심했지만, 한 달이 넘도록 강행군한 이유는 나와의 약속을 지키고 싶었고 일생에 한 번 있을까 말까 한 기회를 포기할 수 없어서였다. 굽혔던 허리를 펴고 클럽하우스의 시계를 바라본 순간 마을에서 교회 종소리가 들려왔다. 아일랜드가 가톨릭 국가라는 것은 알고 있었으나, 그날이 일요일이란 사실은 까맣게 잊고 있던 내게 '기도를 해야겠다'는 생각이 문득 들었다. '대학 입시에 붙게 해달라'고 기도한 적도 없던 내가 '왼쪽 엄지발가락 통증을 사라지게 해 달라'고 기도하게 될 줄이야! 심지어 생전 처음 와 본 '라힌치'라는 마을에서 말이다.

교회 안은 동네 사람들로 가득했다. 미사는 이미 영성체가 끝난 시점이었으나 문 옆에 서서 눈을 감고 진심으로 기도했다. '하느님, 제발 제 발가락을 낫게 하소서. 이 고통을 없애 주신다면 앞으로 주일 미사를 빠지지 않고 하느님 뜻에 따라 살겠습니다.' 다

시 생각해도 뻔뻔하고 유치한 기도였지만 그때만큼은 절실했다. 미사는 끝났고 마을 사람들이 성당을 빠져나갔다. 까만 머리의 동양인을 흘끔흘끔 바라보는 어른들 사이로 내 앞에 어린 남매가 넋을 놓고 나를 바라보며 서 있었다. 통증에 구겨진 얼굴을 겨우 펴서 '헬로우'라고 웃음 짓는 순간, 엄마로 보이는 여성이 진한 아이리시 억양으로 '아임 베리 쏘리' 하며 황급히 애들을 데리고 나갔다. 군중들 사이로 절뚝거리며 계단을 내려와 행여 내 발이 기적처럼 낫는 순간을 체험하기 위해 왼쪽 발가락에 온 신경을 집중하며 다시 골프코스로 돌아왔다. 그로부터 30분 후 통증은 더 심해졌고, 그 발을 이끌고 1번 홀로 향했다.

1번 홀 티에서 눈에 띄는 한 사람이 있었는데, 골프채 없이 우산을 들고 있는 한 여인이었다. 그녀는 호주 멜버른에서 남편과 함께 아일랜드로 여행을 온 사람이었다. 남편이 골프 성지 순례를 하는데 동참하고자 골퍼가 아님에도 산책하듯이 걷고 있다는 얘기에 놀라면서 부럽기도 했다. 미국에서 골프에 미친 남편을 둔 여자들을 '골프 미망인Golf widow'이라 부른다는데, 이 부부는 이런 관계를 초월한 듯하다.

파5, 4번 홀에 이르자 그녀의 남편이 내게 홀에 대해 설명해 주었다. '크론다이크'라 불리는 이 홀은 페어웨이 중간을 가로막고 있는 커다란 언덕의 이름이며, 그린에 도달하기 위해서는 언덕 중턱에 박힌 흰 돌 방향으로 탄도 높은 샷을 해서 언덕을 넘겨야 한다는 것이다. '델'이라고 불리는 5번 홀의 명성은 익히 들어 알고 있었지만, 크론다이크는 처음 들어 본 홀이었다. 아이리시 코스에 대해 어떻게 잘 아는지 물으니 그제서야 자신은 호주 킹스턴 히스 골프 클럽의 캡틴이라는 게 아닌가! 유서 깊은 회원제 클럽의 캡틴은 회원들이 뽑는 클럽의 대표라고 할 수 있다. 세계 100대 코스의 하나인 킹스턴 히스의 캡틴과 함께하는 라운드라서 그런지 내 스윙에 더 신경 썼다. 크론다이크 정상에 서 있던 기수가 빨간 깃발을 흔들고 퇴장하는 것을 신호로 캡틴과 나는 미지의 그린으로 세컨 샷을 했다. 둘 다 그럴듯한 샷을 한 후 서로 눈을 찡긋하며, '자 이제 결과를 확인해 볼까'라고 말하며 언덕 옆으로 난 길로 접어들었다.

드디어 세계적으로 악명 높은 5번 홀 '델'에 도착했다. 티의 위치에 따라 137m 전후의 파3홀인 델은, 상상하는 것 이상을 경험하게 해 준다. 위에서 내려다보면 마치 포춘 쿠키 같이 생긴 높은 언덕이 그린을 모조리 가리고 있다. 아이언 티 샷이 짧으면 언덕에 못 미쳐 그린은 구경조차 할 수 없는 홀이므로, 적어도 한 클럽 반 이상은 길게 보라고 캐디가 신신당부한다. 캐디가 조언한 대로 6번 아이언을 잡고, 언덕 꼭대기의 흰 돌보다 9m 정도 오른쪽을 겨냥해 스윙을 했다. 언덕을 넘어간 공이 시야에서 사라진 순간부터 궁금함이 머리를 가득 채운다. 그린 우측의 둔덕 사이 열린 공간을 향해 걸어가는 내내, 눈앞에 펼쳐질 광경을 상상하게 한다. 마치 누군가에게 두 눈이 가려진 채로 다트를 던진 후, 결정적인 순간에 안대를 벗고 결과를 확인하는 듯한 경험이라고나 할까. '아, 다행히 그린에서 내 공을 찾았다.' 언덕만 넘긴다면 생각보다 어려운 홀이 아니라는 사실을 확인한다.

3번부터 13번 홀까지의 리듬감은 단연 세계적인 수준이다. 거친 아일랜드의 모래 언덕 사이로 탐험하는 듯한 경험을 선사해 주는 이곳이 왜 골프마니아들의 버킷 리스트에 들어가는지 알 것 같았다. 라힌치는 마치 특이한 성격을 가진 친구를 만나는 것 같다. 손대는 모든 것이 완벽해야 하는 친구, 내성적이고 조용하지만 가끔 던지는 말

위부터 라힌치 올드 코스 4번 홀 '크론다이크', 호주 킹스턴 히스의 캡틴, 라힌치 올드 코스 5번 홀 '델' 티 샷

이 문제의 핵심을 꿰뚫는 능력이 있는 친구도 있다. 군이 골프코스를 사람에 비교하자면 라힌치는 '어디로 튈지 모르지만 절대로 벼랑 끝으로 떨어질 바보는 아닌' 그런 친구 같다. '어떻게 제정신에 저런 결정을 할 수 있을까?'라고 생각하지만, 결과는 감탄할 만큼 훌륭한, 누구도 상상 못하는 방식의 삶을 사는 그런 친구. 라힌치는 그런 친구의 인생을 들여다보는 것 같은 경험을 골프를 통해 할 수 있는 특별한 곳이다.

라운딩을 마치고 헤어질 무렵, 캡틴은 내게 즐거운 하루를 함께해 줘서 고맙다며 연락처를 건넨다. 멜버른에 오면 꼭 자기와 함께 킹스턴 히스를 쳐 보자는 약속과 함께. 아마도 그는 그로부터 3개월 후 나를 만나리라고는 상상도 하지 못했을 것이다.

라힌치 올드 코스 5번 홀 '델' 그린

이 세상에서
나만이
할 수 있는
일이 있다면?

로열 카운티 던에서 한 달 반 동안의 골프 성지 순례를 마무리하려던 내 계획은 마지막 순간 뜻하지 않게 변경됐다. 일정을 이틀 남겨 두고 주머니에 남은 돈은 단돈 35파운드. 하루 머물 B&B와 에든버러까지 갈 수 있는 휘발유, 그리고 5파운드짜리 샌드위치를 마지막 만찬으로 무일푼이 되었다. 신용카드는 무슨 일인지 사용 불가. 한도 초과는 아닌데 카드가 안 읽힌다니 방법이 없었다.

로열 포트러시를 마지막 종착지로 한 후, 기수를 과감히 벨파스트 항으로 돌렸다. 뒤틀린 발과 결막염에 걸린 두 눈, 귀도 잘 들리지 않는 몸으로 차 안에서 밤을 지새고, 다음 날 아침 일정보다 하루 먼저 여객선에 차를 실었다. 뱃속에서 울리는 굶주림의 소리는 신경 쓸 새도 없이, 바다를 건넌 후 스트랜라 항에서 에딘버러까지 자동차가 버텨 줄지가 걱정이었다. 스코틀랜드 도착 후 최단 거리의 비포장 도로를 브레이크도 밟지 않고 조심스레 달려, 연료 게이지의 희미한 붉은 등을 장시간 째려보길 한참이 지난 후, 어둠이 깔린 에든버러에 겨우 입성했다.

일주일 후 드디어 귀국길에 올랐다. 비행기 안에서 지난 4년간의 세월을 돌아보았다. 뉴욕의 첫 직장에서 해고당한 후, 한국의 잡지에 글을 쓰기 위해 시작한 대륙 횡단 코스 답사는 많은 이들의 도움이 있었기에 가능했다. 그런 경험이 자극이 되어 에든버러까지 오게 되었지만, 그 과정도 순탄치 않았다. 한국인 최초로 골프코스 설계학 학위를 취득한 후 여기저기 고장 난 몸을 이끌고 영국에서 다시 한 번 '꿈의 로드 트립'을 마칠 수 있던 것도 내 힘만으로는 불가능한 일이었다.

13년의 타향살이 후 고국으로 돌아가는 마음은 아픈 몸보다 더 무겁고 복잡했다. 지금까지 내가 이룬 것이 무엇인지 뚜렷하지가 않았다. 남들이 해 보지 못한 경험과 공부가 단순히 이력서의 몇 줄로 끝나서는 안 되기 때문이었다. 암스테르담 공항에서 비행기를 갈아타는 짧은 시간 동안 공항 병원에 가야 할 정도로 통증이 심했지만, 머릿속은 여러 가지 생각으로 복잡했다. 잠깐 잠이 들었던 걸까? 비몽사몽간에 눈을 떠 보니, 아직도 인천공항에 도착하려면 3시간은 더 남아 있었다. 답답하고 힘든 시간이 흐르는 동안, 머릿속에 떠오른 생각이 있었다.

'많은 이들의 도움으로 지금까지의 여정이 가능했다면, 앞으로 내가 하는 일이 좀 더 많은 이들에게 즐거움을 줄 수 있다면 좋겠다.'

단순한 생각이었지만 가슴에 와 닿는 무언가가 있었다.

'한국 골프 문화의 지평을 넓히는 일에 조금이나마 보탬이 되는 일을 하고 싶다'는 새로운 목표가 생기는 순간이었다. 구체적인 방법까지는 떠오르지 않았으나, 내가 앞으로 해야 할 일의 등대 같은 역할을 하는 '화두' 정도는 찾은 것 같았다. 조금은 편안해진 마음으로 고국에 도착했다.

Round
3

코스 설계를 통해 들여다본 세상

01

호주 골프 역사를 바꾼
맥켄지 박사

Royal Melbourne Glof Club 로열 멜버른 골프 클럽

귀국 후 나의 첫 직장은 에든버러로 유학 가기 전부터 제안받은, 골프코스 설계와 시공을 전문으로 하는 회사였다. 오렌지 엔지니어링의 대표작으로는 화산, 클럽 나인 브릿지, 이스트밸리, 마이다스 밸리, 몽베르, 파인 비치 골프링스, 스카이 72 등이 있다. 이 회사에서 내가 맡은 첫 번째 프로젝트는 호주의 그렉 노먼을 설계자로 지명해 영남권에 27홀 규모의 회원제 코스를 조성하는 사업이었다. 클라이언트 소속의 담당자들과 해외 설계안에 대한 국내법을 검토하던 어느 날, 호주 출장을 준비하라는 연락을 받았다. 멜버른 지역의 유서 깊은 코스들을 견학하고, 그렉 노먼이 설계한 코스도 둘러보는 급하게 잡힌 7일간의 출장이었다. 아직 국내 생활에 적응되지 않은 상태에서 가는 출장이었지만, 그때까지만 해도 호주는 나에게 미지의 대륙이었고, 120년 전 영국에서 전파된 골프가 새롭게 꽃을 피운 곳이어서 기대가 컸다. 2005년 12월 겨울, 여름옷을 넣은 여행 가방과 아직 북아일랜드의 페스큐 잔디 내음이 밴 골프백을 챙겨 한여름의 호주로 향했다.

시드니에 도착해 그렉 노먼 설계 사무소를 방문하니, 수석 디자이너 할리 크루즈 Harley Kruse가 나와 우리 일행을 반갑게 맞았다. 그는 한국을 비롯한 아시아 지역의 설계를 담당하고 있는 베테랑 설계자이자, 호주 요트 국가대표 출신으로 다부진 체격을 소유하고 있었다. 설계 현안을 논의한 후, 호주 일정을 브리핑 받았다. 첫날은 가볍게 시드니 관광 후 둘째 날부터 본격적으로 멜버른시에서 30분 거리에 있는 로열 멜버른 골프 클럽의 웨스트와 이스트 코스, 킹스턴 히스 골프 클럽을 방문하고, 그 후 휴양 도시인 브리즈번으로 가서, 그렉 노먼이 설계한 3개의 코스를 견학하는 빡빡한 일정이었다.

1891년에 설립된 로열 멜버른 골프 클럽은 1920년대 중반 멜버른시 근교의 블랙 락 Black Rock으로 이전한 후, 호주를 대표하는 최고의 코스이자 세계 10대 코스의 역사를 시작했다. 1926년 스코틀랜드의 알리스터 맥켄지 Alister MacKenzie 박사는 호주를 방문한 3개월 동안, 로열 멜버른 설계뿐 아니라 호주 골프코스 역사를 송두리째 바꾸어 놓았다. 인류 역사에 있어 특히 예술 분야는 점진적인 변화보다는 극소수의 천재들에 의한 급진적인 변화가 이뤄지는 경우가 많았다. 골프코스 설계에서도 이런 사례들을 많이 발견할 수 있는데, 맥켄지 박사의 경우가 이에 해당한다.

1870년 영국 요크셔에서 태어난 그는 캠브리지 대학에서 의학을 전공해 내과의사가 된 후, 군의관으로 남아프리카 보어 전쟁에 참전했다. 영국과 네덜란드 이주민 보어인 사이에 벌어진 이 전쟁에서 맥켄지 박사는 자연 지형과 벙커를 교묘히 활용해 적을 교란시키는 보어인들의 위장술에 관심을 가졌고, 이후 1차 세계대전 참전 시 군의관이 아닌 위장술 전문가로 활동할 정도로 이 분야를 발전시켰다. 그는 결국 1차 세계대전 후 의사직을 포기하고 본격적으로 골프설계가로 활동했고 아일랜드, 미국, 호주, 남미 등지에 그만의 특색 있는 설계를 전파했다.

맥켄지 박사가 설계한 코스의 특징은 다음과 같다.

호주 답사 지도 © Shutterstock

Arafura Sea

Torres Strait

Gulf
of
Carpenteria

Weipa

Great Barrier Reef

Coral Sea

Katherine

NORTHERN
TERRITORY

Cairns

Normanton

Townsville

Coral Sea
Islands
(AUSTRALIA)

Forsayth

Tennant
Creek

Charters
Towers

Mount Isa

Mackay

RALIA

Alice Springs

QUEENSLAND

Rockhampton

Yaraka

Bundaberg

SOUTH

Quilpie

Charleville

Maryborough

ber Pedy

Cunnamulla

Toowoomba

Brookwater Golf & Country Club

Brisbane

AUSTRALIA

Leigh
Creek

Bourke

Walgett

Gold Coast

9

10

Glades Golf Club

Broken
Hill

NEW SOUTH

Armidale

Coffs Harbour

duna

Port Augusta

WALES

Tamworth

Whyalla

Dubbo

Port Macquarie

Port Pirie

Mildura

Hillston

Orange

Newcastle

Port Lincoln

Swan Hill

Wagga
Wagga

1 Sydney

The Australian Golf Club

Adelaide

Metropolitan Golf Club

Albury

2

Canberra

New South Wales Golf Club

alian Bight

VICTORIA

3 Melbourne

Royal Melbourne Golf Club

4

5 Kingston Heath Golf Club

The National Golf Club

6

Moonah Links Resort

7

8 St. Andrews Beach Golf Course

Bass Strait

Tasman Sea

Devonport

Launc

11 Barnbougle Dunes Golf Links

Hobart

Tasmania

· 페어웨이를 플레이 방향에 사선으로 배치해 드라이버 샷의 각도와 정교함을 요구한다.

· 벙커의 높은 턱이 골퍼의 시야를 차단해 벙커 너머 랜딩 존이 없는 듯 보이게 하는 착시 현상을 만든다.

· 'Free form bunker'라 불리는 아메바 모양의 곡선이 특징인 벙커를 페어웨이와 그린에 밀착해 배치한다.

· 그린의 중심 축을 플레이 방향에 사선으로 배치해 다양한 어프로치 샷을 요구한다.

· 그린 표면의 굴곡을 극대화해 퍼팅 시 상상력을 요구한다.

· 자연의 아름다움을 모방해, 코스가 자연과 구별될 수 없을 정도로 만든다.

웨스트 코스의 공사는 멕켄지 박사의 가르침을 전수받은 호주의 아마추어 골퍼 알렉스 러셀Alex Russell과 그린키퍼(잔디관리직) 믹 몰컴Mick Morcom이 완성했다. 맥켄지 스타일의 복잡한 아메바 모양의 벙커가 다이나믹한 자연 지형에 만들어져 골퍼에게 시각적인 흥분을 불러일으킨다. 플레이 지역을 제외한 공간은 다양한 들풀이 녹색 페어웨이와 멋진 조화를 이룬다.

정교한 퍼팅을 요구하는 그린의 굴곡과 단단한 표면은 세계 최고 수준. 그린의 크기가 크다고 얕보면 금물이다. 잘 안착한 듯한 샷도 굴곡지고 단단한 표면 때문에 빈번히 그린 밖으로 벗어나곤 한다. 어프로치 샷이 그린을 놓치는 경우, 벙커에 빠지지 않았어도 단단하고 입체적인 잔디면의 굴곡과 씨름해야 한다. 멕켄지 박사가 멜버른의 샌드 힐스 사이에서 발견한 라우팅은 마치 그가 오기 전부터 있었던 것처럼 자연스럽게 자리 잡았다. 멕켄지 박사로부터 짧은 기간에 비법을 전수받은 러셀은 그린과 벙커를 지형의 연장인 듯 자연스럽게 조형했고, 특히 명암의 대비가 분명한 벙커의 모서리는 페어웨이와 그린을 날카롭게 오려내 붙인 듯한 형태를 만들었다.

웨스트 코스는 도그레그 홀의 천국이다. 파3홀 4개를 제외하면 우측과 좌측으로 굽은 홀이 각각 4개씩이니 완벽한 균형감이라 해도 과언이 아니다. 잘 설계된 도그레그 홀은 티 샷의 거리와 각도를 정밀하게 고려한 샷만이 페어웨이를 벗어나지 않고 중앙에 안착할 수 있다. 그린을 공략하는 어프로치 샷도 드로우와 페이드의 비율이 적절해 코스 공략의 다양성을 높였다. 로열 멜버른이 세계 10대 코스에 이름을 올릴 수 있었던 이유는 바로 이런 고도의 전략이 포함된 설계 덕분이다. 잘 설계된 홀이 두세 개 이상 연속될 때 골퍼들은 즐거움을 배로 느끼며, 리드미컬하게 전개되는 코스에서 기분 좋은 산책을 즐길 수 있다. 웨스트 코스에는 이런 홀 스트레치가 전·후반에 각각 한 개씩 있다.

① 충분한 워밍업 후 펼쳐지는 전반 스트레치 세 홀(4, 5, 6)

4번 홀파5, 464m : 눈앞 3개의 벙커를 넘겨 치는 티 샷으로 시작된다. 장타자는 벙커와 오른쪽 차나무 사이로 조준해 티 샷을 안착시키면, 그린까지 투온Two on[1] 시도가 가능하다.

　5번 홀파3, 161m : 세계 최고의 파 3 중 하나를 경험할 수 있다. 티잉 그라운드와 그린 사이를 가로지르는 낮은 지역 때문에 조금이라도 샷이 짧으면 공이 흘러 내려온다. 이를 우려해 길게 칠 경우 무척 빠른 내리막 퍼트를 감당해야 한다.

　6번 홀파4, 392m : 티 샷의 각도가

HOLE 4
Par 5
Blue 430m
Red 368m

1　두 번 만에 그린에 공을 올리는 것

웨스트 코스 4번 홀 평면도

웨스트 코스 5번 홀, 할리와 일행

홀 공략의 모든 것을 결정하는 내가 가장 좋아하는 홀이다. 페어웨이 우측 코너에 모여 있는 4개의 아메바 벙커 중 어떤 것을 넘겨 칠지 결정하는 게 중요하다. 겁을 먹고 좌측으로 도망갈 경우 그린까지 남은 거리가 멀어질 뿐만 아니라, 자칫 숲으로 공이 넘어갈 수 있어, 각도와 거리를 총체적으로 고려한 티 샷이 성공의 열쇠이다. 페어웨이보다 높게 위치한 그린은 뒤로 갈수록 낮아지므로, 이를 착각해 넉넉하게 치면 절대 온 그린On Green[2]할 수 없다. 어떤 코스도 두 번 이상 치면 기억에서 과거의 전략을 끄집어 내, 성공의 기억은 반복하고 실패의 기억은 수정해 도전하게 한다. 웨스트 코스의 6번 홀은 이런 과정이 라운드마다 반복되는 최고의 전략이 필요한 홀 중 하나이다.

②세계 최고의 스트레치 세 홀 (16, 17, 18)

2 공을 그린 위에 올려놓는 것

웨스트 코스 6번 홀 © Gary Lisbon

16번 홀파3, 202m : 웨스트 코스에서 가장 긴 내리막 파3홀이다. 단타자는 두 번에 걸쳐 그린에 올려 원 펏으로 파를 하는 전략이 가능하다.(아마도 이는 회원들이 자주 쓰는 노하우일 것이다.) 작은 그린과 벙커 사이의 공간이 전혀 없어 거리 조절에 실패할 경우 여지없이 벙커로 빠지게 된다.

17번 홀파4, 402m : 전략적인 도그레그 파4홀을 후반에서도 경험하게 된다. 페어웨이가 넉넉한 오른쪽으로 티 샷을 유혹하지만, 오른쪽으로 갈수록 페어웨이 경사와 그린이 놓여 있는 각도로 인해 어프로치 샷이 더 어려워진다.

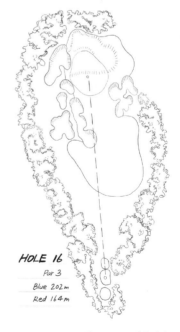

HOLE 16
Par 3
Blue 202m
Red 164m

웨스트 코스 16번 홀 평면도

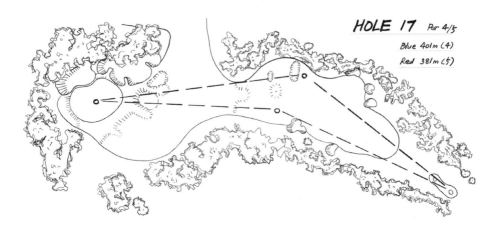

웨스트 코스 17번 홀 평면도

그린 공략 시, 아이언 샷을 낮은 탄도로 그린 전방에 떨어뜨려 굴려 올리는 넉다운_{Knock} Down 샷을 추천한다.

18번 홀_{파4, 396m} : 최고의 마지막 홀이자 후반 9홀 중 내가 가장 좋아하는 홀이다. 블라인드 티 샷으로 오른쪽 도그레그 코너에 있는 3개의 아메바 벙커를 페이드로 넘겨치면 최고의 어프로치 샷 지점을 확보하게 된다. 웨스트 코스는 도그레그의 천국이므로 페이드와 드로우를 모두 구사할 수 있는 샷 메이커의 역량이 필요하다. 도그레그는 우측으로 휘어져 있지만, 페어웨이의 랜딩 존 경사는 좌측으로 낮아지기 때문에 처음 방문한 골퍼가 아메바 벙커를 의식해 좌측으로 칠 경우, 우에서 좌로 흐르는 페어웨이는 티 샷을 페어웨이 왼쪽으로 쫓아낸다. 그린은 반대로 좌에서 우로 경사진 매우 재미있는 홀이다.

호주의 유명 선수이자 설계자 제프 오길비_{Geoff Ogilvy}는 자신이 태어나고 자란 고장의 홈 코스인 로열 멜버른을 이와 같이 설명한다. '내가 로열 멜버른을 사랑하는 이유는 이 코스가 너무도 예측 불가한 성격을 갖고 있기 때문이다. 부드럽고 살가운 코알라같이 보이다가, 어느 순간 거친 캥거루처럼 달려들기 때문이다.'

첫 해외 출장을 국내 굴지의 기업 회장과 다니다 보니 세계적인 명문 코스 방문과 더불어 쉽게 겪을 수 없는 소중한 경험을 할 수 있었다. 그는 칠순이 넘은 나이에도 트롤리를 손수 끌고 오전 라운드를 마친 후 저녁 식사 이후 밤늦게까지 코스 디자인과 스코어 카드 디자인까지 챙겼다. 이처럼 지식, 감각, 열정이 충만한 클라이언트는 설계자에게 무한한 자극이 되고 프로젝트를 수행하는 데 큰 도움이 된다.

일주일간의 출장을 마무리하는 마지막 날 저녁, 회의를 마치고 혼자 브리즈번의 해변을 거닐었다. 호주의 세계적인 명문 코스에서의 경험을 내가 맡은 프로젝트에 구현할 생각을 하니 기대됐다. 멀리 수평선 너머에서 밀려오는 파도를 바라보며, 코스 설계와 더불어 리조트를 개발하는 디벨로퍼에 대한 매력을 새삼 느꼈다.

왼쪽부터 웨스트 코스 18번 페어웨이, 10번 그린, 9번 페어웨이 © Gary Lisbon

02

캡틴 그래엄과의
재회

Kingston Heath Golf Club 킹스턴 히스 골프 클럽

호주 출장을 떠나기 3개월 전 라힌치에서 만났던 캡틴에게 연락했다. 명함에 있는 주소로 이메일을 보냈다. 아일랜드의 작은 마을에서 만났던 그를 이렇게 빨리 다시 만나게 될 줄이야! 골프라는 끈이 연결시켜 준 인연이 놀랍고도 신기했다.

캡틴은 흔쾌히 우리 팀의 라운드를 주선해 주었고, 킹스턴 히스 골프 클럽에서 만나기로 약속했다. 하얀색 단층의 목조 클럽하우스는 과장되지 않은 세련됨과 소박한 기품이 있었다. 캡틴은 약속한 시간에 맞추어 도착했다. 그러나 차에서 내린 그의 얼굴에 왠지 모를 어두운 그늘이 드리워져 있었다. 나와 일행에게 반갑게 인사를 나눈 그는 미안해하며 이렇게 말했다.

"급한 사정이 생겨서 함께 라운딩 할 수 없게 되어 미안합니다. 클럽매니저에게 잘 얘기해 두었으니, 오늘 하루 즐겁게 보내기 바랍니다."

함께 라운딩 하지 못한 건 아쉬웠지만, 다시 만난 반가움과 라운드를 주선해 준 그에게 고마움을 전하며 작별 인사를 한 후 라운딩을 시작했다.

킹스턴히스 클럽하우스

킹스턴 히스 골프 클럽은 1909년 엘 스턴윅 골프 클럽이라는 이름으로 시작 해, 1925년 현재 위치인 헤더톤으로 이 전하면서 킹스턴 히스로 이름을 변경했 다. 당시 유명한 프로골퍼인 댄 수타Dan Soutar가 설계하고, 믹 몰콤Mick Morcom의 손에서 탄생한 코스는 최초에 6,218m, 파82 코스였다. 1926년 호주를 방문한 멕켄지 박사는 킹스턴 히스를 다음과 같이 평가했다.

'이곳은 매우 훌륭하게 만들어져서, 내가 할 수 있는 일은 고작 벙커를 고치 는 정도였다.'

하지만 멕켄지 박사는 벙커를 개조하 는 작업 외에도, 기존 홀들의 형태를 유 지하면서 완성도를 높이는 작업에 집 중했고, 한 개의 홀은 전면 수정했다. 댄 수타가 짧은 파4홀로 만들었던 15번 홀 을 파3으로 바꾸고, 티잉 그라운드부터 시작해 그린 주위까지 무시무시한 벙커 들을 심어 놓았다. 멕켄지 박사가 새롭 게 도입한 벙커는 마치 큰 입으로 페어 웨이와 그린 표면을 베어 삼킨 것처럼 그린과의 간격이 전혀 없는 유일무이한 형태를 자랑한다. 15번 홀은 지금까지

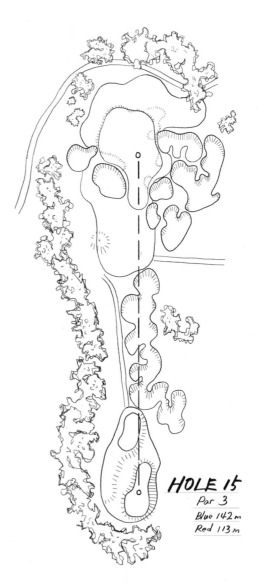

HOLE 15
Par 3
Blue 142m
Red 113m

15번 홀 평면도

도 이곳의 시그니처 홀로 사랑받고 있다.

킹스턴 히스에서는 장타만이 비결이 아니다. 마치 처음 가 보는 길을 차로 달리듯, 코스를 이해해 길을 찾고, 도그레그를 코너링 하는 경험과 지혜가 있어야 한다. 자칫 과속으로 달리다가는 페어웨이 밖으로 벗어날 수 있는 홀이 즐비하다 보니, 마치 레이싱 트랙에서 경주하는 느낌이 들기도 한다.

로열 멜버른이 커다란 언덕과 계곡 사이에 건설된 다이내믹한 코스라면, 킹스턴 히스는 편평한 대지 위에 만들어진 섬세한 아름다움이 있지만 절대 만만히 볼 수 없는 코스이다. 많은 골퍼들이 세계 랭킹과 무관하게 로열 멜버른보다 킹스턴 히스를 선호하는 이유는, 이곳이 더 쉽게 걸을 수 있고 심플하지만 섬세함이 요구되는 샷 메이킹이 필요하기 때문이다.

호주의 멜버른 남동부는 세계 최고 수준의 골프코스가 즐비한 샌드벨트Sand Belt 지역이다. 스코틀랜드 해안과 비슷한 토질로 인해 배수가 원활하고 잔디가 잘 자라는 환경을 갖춘 이곳에는 킹스턴 히스와 로열 멜버른 외에도 빅토리아, 메트로폴리탄, 우드랜즈, 야라야라 골프 클럽을 포함해 유서 깊은 골프 클럽이 줄지어 설립됐다.

멜버른의 샌드벨트 지역을 방문하면 골프가 이곳의 뿌리 깊은 문화라는 것을 체감할 수 있다. 이곳의 청소년들은 학교가 끝나면 회원제 골프코스에서 캐디로 일하기도 한다. 캐디로 일하는 것은 학생 신분에 꽤 괜찮은 용돈 벌이도 되지만, 더 좋은 점은 오후 4시 반 이후 코스에서 자유롭게 골프를 칠 수 있다는 것이다. 또한 이 지역의 퍼블릭 코스에서는 청소년들이 방학 때 삼삼오오 모여 종일 골프

15번 홀에서 만난 그린키퍼의 보더콜리

3번 홀 그린 © Gary Lisbon

를 치는 광경을 볼 수 있다.

나 역시 10대 초반에는 여름 방학 때마다 테니스장에서 종일 운동을 하곤 했다. 땅거미가 드리워진 후에야 집에 돌아오곤 했으니, 이들의 골프 문화가 나름 이해가 됐다. 테니스나 골프같이 다양한 연령대가 함께하는 클럽 문화에서는 단순히 레슨을 받고 게임하는 것 이상으로 사회성을 기를 수 있다. 특히 10대들은 부모나 학교 선생님도 아닌, 다양한 어른들 사이에서 규칙을 배우고 경기장을 정리하는 등의 과정을 통해 더 큰 사회를 미리 경험할 수 있다. 아쉽게도 우리나라 청소년들은 빡빡한 학원 스케줄 때문에 이런 기회를 갖기 힘든데, 미래 세대에게 진정 필요한 것은 이런 문화 속 경험이 아닐까 싶다.

이런 문화적 전통은 골프의 종주국에서도 마찬가지이다. 영국의 로열 리버풀 골프 클럽을 방문했던 어느 수요일 오후, 코스에는 어른들이 전혀 없었다. 이유를 물어보니 매주 수요일 오후는 회원의 자녀들을 위한 시간이라고 한다. 자체적으로 팀을 구성해 시합하는 청소년들을 보면서, '우리나라에서도 앞으로 저런 모습을 볼 수 있을까?', '선수 지망생이 아닌 평범한 학생들도 골프를 통해 에티켓을 익히고 자기 수양을 할 수 있는 기회가 있을까?'라는 의문이 들면서 안타까운 마음이 들었다.

일주일간의 출장을 마치고 귀국하니 캡틴으로부터 이메일이 와 있었다. 이메일을 읽고 비로소 그의 얼굴이 어두웠던 이유를 알게 되었다. 나와 만나기로 한 전날 가까운 지인이 갑작스레 세상을 떠나, 도저히 약속을 지킬 수 없어서 미안했다는 내용이었다. 그리고 꼭 다시 한 번 방문해 약속을 지킬 수 있는 기회가 생기면 좋겠다고 덧붙였다. 장례식으로 향하는 길에, 멀리서 찾아온 나를 잠시라도 만나기 위해 클럽에 와 준 그가 무척 고마웠다.

Bonus Hole

킹스턴 히스 골프 클럽에 대한 글을 쓰다 보니 15년 세월 속에 잊고 지낸 캡틴의 이름과 근황이 궁금해졌다. 나와 함께 세계 100대 코스 패널로 활동 중인 호주의 존 코니시John Cornish가 킹스턴 히스의 회원이라는 사실이 떠올라 그에게 메신저로 물어보았다. 내 궁금증은 단박에 풀렸다. 2005년 당시, 클럽의 캡틴은 그래엄 존Graeme John. 이름이 낯익었다. 내 근황을 전해 달라는 부탁을 한 지 하루 만에 아래와 같이 이메일로 답장이 왔다.

친애하는 준,

존 코니시가 자네가 골프 에세이를 쓰고 있는데, 거기에 내가 나온다는 얘기를 들었네.

그날 라힌치는 비가 많이 왔던 걸로 기억하네. 자넨 아마 그때 세인트 앤드류스

대학에서 공부하고 있었다지.(실제는 에든버러 대학)

우린 몇 년 후 자네가 킹스턴 히스에 왔을 때 다시 만났지.(실제는 3개월 후)

준, 날 그래엄이라 불러도 되네. 존은 내 성이야. 사람들이 헷갈려하지.

아내 이름은 크리스틴이지. 우린 작년 11월에 결혼 50주년을 보냈다네. 골프광인 남편과 골프를 치지 않는 아내가 함께 해로할 수 있다는 증거였다고나 할까.

당시 라힌치에 가기 전에 우리는 로열 포트러시에 들렀는데 거기서 킹스턴 히스가 전년도에 우승했던 한국의 나인 브릿지 대회의 우승컵을 보았지. 크리스틴은 내가 영국의 세인트 앤드류스 올드 코스, 라힌치, 크루든 베이와 미국 롱아일랜드의 메이드 스톤을 플레이할 때 함께 코스를 걸었고, 시네콕에서 라운드 후 같이 점심을 먹었었지.(모두 세계 100대 코스)

자네를 만난 이후로 내 골프 실력은 쇠락했지만, 함께 킹스턴 히스를 플레이하고 싶네. 지금은 코스가 그 어느 때보다 아름다워. 금년엔 2000년 이후 처음으로 멜버른 지역에서 열리는 호주 오픈이 킹스턴 히스에서 열린다네.

우리가 함께 라운드를 하게 되면 당연히 존 코니시도 동참할 거야. 오기 전에 미리 알려 주면 고맙겠어.

책이 나오면 꼭 알려 주기 바라네.

건강하길,

그래엄

세계 100대 코스의 캡틴과 골프를 치지 않는 그의 아내. 그러나 그들은 50년을 해로하면서 미국과 영국의 골프 성지 순례도 함께했다. 사랑하는 연인이 마주한 테이블 위에 남자 곁에는 맥주 캔이, 여자 곁에는 와인 잔이 놓여 있는 모습을 보는 것과 같다고 할까? 상대방의 취향과 열정을 존중하고 함께 시간을 보낼 수 있는 방법을 고민하는 것만큼 아름다운 모습은 없는 것 같다. 2020년 말, 킹스턴 히스를 방문해 그래엄이 약속을 지킬 기회를 줘야겠다. 그때 크리스틴과 존 코니시가 우리와 함께한다면 더욱 기쁠 것 같다.

03

폐광에 세워진
열대의 오아시스

The Mines Resort & Golf Club 마인즈 골프 리조트

한국인의 골프 사랑은 남다르다. 미국 골퍼들의 30% 이상이 친구나 가족에 이끌려 골프코스에서 처음 골프채를 잡아 본다는 통계와 달리, 한국에서는 코스에 나가기 전 치러야 하는 통과의례가 있다. 적어도 3개월에서 6개월 정도 골프 연습장에서 연습하는 것이다.

흔히 첫 라운드에 나가면 '머리 올린다'라는 표현을 쓴다. 옛날에는 결혼식을 올린 후 첫날밤을 보내는 것에 이 표현을 썼는데, 아마도 첫 라운드가 골퍼의 인생에서 중요하기 때문에 이런 표현이 생긴 것 같다. 이렇게 처음 라운드를 경험한 골퍼들은 대부분 골프의 매력에 서서히 빠져들어 연습장을 자주 찾게 된다. 마치 사냥에 나서기 전 과녁을 향해 활시위를 당기며 자신의 기술을 연마하는 것처럼. 사냥감을 향한 화살이 시위를 떠날 때의 긴장감과 화살이 목표에 명중했을 때의 희열을 우리는 골프에서 발견하는 것이 아닐까.

1981년 발표된 '사바나 최면증세Savannah Hypnosis'라는 이론을 책으로 처음 접했을 때, '아! 이런 원초적인 이유 때문에 사람들은 골프에 쉽게 중독되는구나.'라고 생각했

1번홀 ©Mines Golf Resort

다. 미국의 생물학자 고든 오리안스Gordon H. Orians 교수는 아프리카 대초원에서 사냥감을 추적하던 원시인들이 인류의 조상이라고 설명한다. 사바나와 같은 환경에 잘 적응한 종족이 밀림이나 산악 지형에 적응한 종족에 비해 생존 경쟁에서 우위를 차지했고, 현 인류의 선조가 되었다는 것이다. 이들은 다른 포유류에 비해 열등한 후각과 청각 대신, 전적으로 시각에 의존해 주변 환경을 파악했다. 이 때문에 시야가 잘 보장된 높은 지대에서 초원을 관찰하는 것을 선호했다고 한다. 천적으로부터 자신을 보호하고 사냥감의 위치를 파악하기에 이보다 더 좋은 장소는 없었다. 실제로 실험에 따르면 동서양과 남녀노소를 불문하고 공통적으로 선호하는 풍경은 다름 아닌 '사바나' 환경이라고 한다. 이런 사바나 환경이 현대인의 라이프 스타일에 꼭 맞게 구현된 공간이 바로 골프코스이다. 같은 코스라도 높은 지역에 만들어진 티잉 그라운드에서 나지막한 페어웨이를 조망할 때 짜릿한 희열을 느끼게 된다. 라운딩을 앞둔 골퍼들이 느끼는 설렘은 사냥터로 향하는 우리 조상들이 느꼈던 감정과 비슷했을 것이다.

말레이시아의 수도 쿠알라룸푸르 중심에서 약 30분 정도 떨어진 지역에 위치한 마인즈 리조트 & 골프 클럽은 그 기원이 일반 골프코스와 다르다. 18홀 규모의 골프코스를 포함해 호텔, 쇼핑몰, 아파트 단지, 비즈니스 센터 등으로 구성된 마인즈 리조트 시티 Mines Resort City 는 말레이시아 최고의 관광 명소로 꼽힌다. 하지만 '광산'을 뜻하는 '마인즈'라는 이름에서도 짐작되듯이, 20년 전만 해도 흉물스런 폐광이었다.

이곳은 100년 전 중국에서 이주해 온 노동자가 처음 발견했다. 그 후 수십여 년 동안 말레이시아를 대표하는 세계 최대의 주석 광산으로써의 역할을 톡톡히 했다. 하지만 광산의 수명이 다하자 남은 것은 하늘을 향해 벌어진 2km의 거대한 '메스' 자국뿐이었다. 이후 갈라진 틈에 빗물이 고이기 시작해 두 개의 거대한 호수가 생겼다. 하지만 버려진 땅, 덮어 버리고 싶은 폐광의 흔적에서 새 생명을 탄생시킨 사람이 있다. 탄스리 리 킴 여 Tan Sri Lee Kim Yew 라는 화교 출신의 사업가이다. 그의 확고한 비전이 없었다면 마인즈 리조트 시티는 탄생할 수 없었다.

1988년 말레이시아 정부로부터 5천만 링깃, 우리 돈으로 140억 원에 150만 평을 사들인 그는 새로운 생기를 불어넣기 위한 첫 번째 프로젝트로 골프코스 건설을 선택했다. 그는 수십만 평에 이르는 대지에 자연의 푸름을 이식시키고, 그 위에 레크리에이션 기능을 부여했다. 이미 파괴된 환경을 복원하는 동시에 많은 이들이 즐길 수 있는 공간을 만드는 방법으로 골프코스를 선택한 것은 그의 탁월한 안목이었다.

마인즈 골프 클럽은 전반 9홀과 후반 9홀이 확연히 다른 아름다운 골프코스이다. 전반 9홀은 말레이시아의 열대 우림 속을 탐험하는 듯한 느낌을 주는 이국적인 코스로, 각종 열대 수목과 형형색색의 야생화 향기에 도취되는 경험을 선사한다. 전반 9홀의 클라이맥스는 9번 홀이다. 열대 우림 속에서 거대한 인공 호수변 후반 9홀로 나가는 관문인 이 홀은 높은 언덕에 위치한 티에서 내려다보는 호수와 도심 전경이 일품이다.

17번홀 © Mines Golf Resort

말레이시아 최고의 관광 명소 겸 복합 리조트 시티인 마인즈는 한때 이곳이 세계 최대의 주석광산이었다는 흔적은 찾아보기 힘들다. 호수를 감싸고 있는 아름다운 골프 코스는 이곳의 역사를 알지 못하는 사람들에게는 단지 도심 근교에 만들어진 멋진 레크리에이션 공간으로만 보인다. 1999년 마인즈 골프 클럽은 세계 각국에서 모여든 최고의 골퍼들과 갤러리들로 가득 채워졌다. 골프의 올림픽인 월드컵 골프 경기World Cup of Golf, WCG가 열렸기 때문이다. 미국을 대표하는 골퍼 타이거 우즈와 마크 오메라Mark O'Meara가 우승한 경기를 통해 마인즈 골프 클럽의 숨겨진 역사가 세계 각국에 소개되었고, 이를 계기로 환경을 복원하는 골프코스 개발의 가능성이 널리 알려졌다.

2009년 가을, 마인즈 골프 리조트에서 아시아 최대의 골프 세미나인 '아시아퍼시픽 골프 서밋Asia Pacific Golf Summit'이 열렸다. 나는 니클라우스 사의 초청으로 한국을 대표해 패널 토론에 참석했다. 한국 골프코스의 개발 역사와 새로운 트렌드에 대해서 발표한 후 함께 배석한 미국의 코스 설계자와 일본의 골프 전문가와 토론했다. 토론이 끝날 무렵, 나는 청중들과 주최 측에 한 가지 제안을 했다.

"아시아를 대표하는 골프 세미나에 세계 각국에서 온 업계의 전문가들이 이 자리를 가득 메우고 있다. 그런데 주위를 한 번 둘러보길 바란다. 지금 이 회의장에는 아시아 인이 극소수이다. 대부분 먼 미국이나 유럽에서 온 전문가들이다. 앞으로 우리가 해야 할 중요한 과제는 APGS와 힘을 합해 아시아 출신 골프 전문가들을 육성하는 것이다.'

그로부터 지금까지 미국, 유럽과 호주의 골프 산업은 포화 상태를 넘어서 내리막길 로 접어들었다. 전 세계에서 유일하게 아시아에서만 골프 인구가 꾸준히 증가하고 있으며, 특히 베트남을 포함한 동남아시아의 골프 산업은 과거 10년간 많은 발전을 이뤘다. 아직은 골프코스 개발에 많은 제약을 가하는 중국도 골프가 올림픽 정식 종목이 된 현 시점에 한국의 박세리나 최경주 선수 같은 세계적인 스타가 자국에서 배출된다 면 골프의 인기가 높아지고 관련 산업 또한 성장 동력을 얻을 것이다. 아시아 지역 골 프 산업의 지속 가능한 성장에 대한 고찰이 어느 때보다 필요한 시기가 바로 지금이다.

아시아퍼시픽골프서밋

16번홀 © Mines Golf Resort

04

사냥 대신 골프로 즐기는
잉글랜드 숲속의 정원

|

Sunningdale Golf Club 서닝데일 골프 클럽

골프는 초원에서 사냥을 하는 것과 같다. 골퍼에게는 활과 화살 대신, 골프채와 골프 공이 주어진다. 18곳의 사냥터에서 드라이버, 우드, 아이언, 웨지, 퍼터로 먹잇감을 쫓 는다. 드라이버와 아이언을 사용해 사냥감을 그린으로 몰아서 퍼팅으로 손에 넣는 과 정이 18번 반복되는 원초적인 스포츠가 바로 골프이다. 골프코스에 단 한 개의 홀만 있다면 얼마나 아쉽고 재미없을까? 다행히도 우리에겐 18번의 기회가 있다. 화살 한 개로 목표를 명중시키든, 여러 개로 힘겹게 마무리하든, 기회는 누구에게나 공평하게 주어진다. 우리가 이렇게 사냥하는 공간은 고층 건물의 사무실도 아니고, 지하의 밀폐 된 공간도 아니다. 골프코스는 탁 트인 대자연 속에 나무 그늘이 있고, 드넓은 초원과 더위를 식혀 주는 호수도 있는 가장 이상적인 공간에 있다. 함께 사슴을 몰 수도 있고, 혼자 쫓을 수도 있는 골프는 원초적인 사냥 본능을 일깨워 주기 때문에, 골프를 한 번 이라도 경험한 사람들은 그 매력에 빠질 수밖에 없다. 자, 이제 왜 우리가 이리도 골프 를 좋아하게 됐는지 그 이유를 알았다. 우리는 언제라도 먹잇감이 있으면 달려갈 만반 의 준비를 갖추고 그 순간만을 기다리는 원시의 후예이기 때문이다.

그럼 유독 한국의 여성 골퍼들이 세계 무대에서 활약하는 이유는 뭘까? 외국 친구들이 이런 질문을 할 때마다 나는 농담 반, 진담 반 이렇게 얘기하곤 한다.

"그건 아마도 원시 시대 한반도에서는 다른 곳과 달리 남자들이 아이를 돌보고 요리하고, 여자들이 사냥을 했기 때문일 거야."

내 답변에 의아해 하는 사람들에게, 지난 30년간 양궁에서 한국 여자선수들이 세계를 재패하고, 행여 금메달을 놓치면 이변이 되는 일을 설명하면 열이면 열 모두 고개를 끄덕인다.

물론 실제 이유는 다른 곳에 있다. 한국만의 독특한 사회, 문화적 배경 속에서 골프가 여성들에게 자아실현의 기회를 주었다. 또한 한국만의 탁월한 코칭 시스템이 집중력과 끈기를 갖춘 한국 여성과 함께 만들어 낸 결과라고 생각한다. 이런 한국 여성들만의 강점을 처음으로 세계 무대에 뽐낸 인물이 바로 박세리 선수이다.

1998년 위민스 US 오픈은 미국 위스컨신주 코흘러Kohler 리조트의 블랙 울프 런 코스에서 열렸다. 'IMF'라는 예기치 못한 경제 위기에 온 국민이 힘들어 할 때, 박세리 선

서닝데일 올드 코스 1번 홀

수는 양말을 벗고 물속에 들어가 샷을 하며 역경을 극복하는 영웅의 모습을 보여 주었다. 많은 사람들에게 기쁨과 감동으로 다가온 박세리 선수의 우승은 이후 소위 '세리 키즈'라 불리는 한국 여자 골퍼들을 줄줄이 탄생시켰고, 한국의 낭자들이 전 세계 골프 무대를 평정하는 결과를 낳았다.

런던에서 서쪽으로 50km 떨어진 버크셔 지역에 위치한 서닝데일 골프 클럽은 우리에게 낯설지 않다. 이곳은 LPGA 메이저대회 중 하나인 위민스 브리티시 오픈에서 2001년 우승한 박세리 선수와 2008년 우승한 신지애 선수의 경기를 통해 알려졌다.

올드 코스는 1900년 윌리 파크 주니어Willie Park Jr.가 설계했고, 뉴 코스는 1923년 해리 콜트Harry Colt가 설계했다. 링크스 코스가 주류를 이루던 당시, 해안가와 동떨어진 런던 근교에 골프코스를 만든다는 것은 새로운 발상이었다. 그러나 공교롭게도 서리와 버크셔 지역의 히스랜드는 링크스와 비슷한 모래 토양이었고, 이는 링크스 코스의 환경에 버금가는 조건이었다. 또한 소나무, 자작나무, 떡갈나무 등 다양한 수종이 풍부했다. 훗날 어거스타 내셔널을 만든 바비 존스가 브리티시 오픈 참가를 위해 영국을 방문했을 때, 서닝데일을 미국으로 가져가고 싶다고 했을 정도로 이곳은 새로운 종류의 코스인 파크랜드와 히스랜드 코스의 시초가 되었다.

뉴 코스의 4번 홀은 골프 역사에서 가장 중요한 설계자 중 한 명으로 평가받는 해리 콜트의 설계 철학이 잘 녹아 있다. 페어웨이가 플레이 방향과 사선으로 놓여 있어, 드라이브 샷의 각도와 거리가 매우 중요하다. 자칫 안전하게 샷을 치려고 티에서 가까운 페어웨이 왼쪽을 공략할 경우 잘 맞은 티 샷이 페어웨이 너머에 있는 러프로 사라질 수 있다.

5번 홀에서도 그의 철학을 엿볼 수 있다. 'False Front'라고 불리는 그린 전방의 낮은 공간은 높은 벙커턱에 가려서 티잉 그라운드에 서면 잘 보이지 않는다. 높은 벙커턱과 그 너머의 낮은 공간이 만든 착시 현상은 실제보다 그린이 가깝게 보이게 한다. 결과적으로 파3홀에서 티 샷이 그린에 못 미칠 경우, 그린 앞 낮은 곳으로 공이 흘러내

서닝데일 올드 코스 10번 홀 © Gary Lisbon

려, 까다로운 칩 샷Chip shot[1]을 해야 하는 어려움이 있다. 훗날 해리 콜트와 잠시 동업한 맥켄지 박사가 호주의 로열 멜버른에 이 같은 콘셉트를 적용한 걸 보면, 골프코스 설계 분야의 선구적인 아이디어는 이 시기에 많이 등장한 것 같다.

올드 코스의 시그니처 홀인 10번 홀은 골퍼들의 사냥 본능을 여러모로 만족시킨다. 높은 언덕 위에 위치한 티잉 그라운드는 티 샷을 감상하기에 가장 좋은 공간이다. 클럽페이스를 떠난 공이 포물선을 그리며 날아가는 모습은 활시위를 떠난 화살의 모습

---

1   그린 주변에서 짧게 그린에 올리기 위해서 하는 샷

과 같다. 홀을 끝낸 후 그늘집²에 꼭 들리기를 추천한다. 이곳에서 맛 좋은 소시지 롤을 맛볼 수 있기 때문이다.

멋진 피날레를 장식하는 17번과 18번 홀은 아름다운 클럽하우스가 보이는 탁 트인 공간에 위치했다. 1940년 2차 세계대전이 한창이던 어느 가을, 독일군 폭격기가 런던을 공습했을 때, 폭탄 중 하나가 올드 코스의 18번 홀 옆에 떨어져 커다란 구덩이를 만들었다. 잔해를 치우던 사람 중 한 명이 구덩이를 메우는 대신 벙커 두 개를 만들었고, 18번 홀 그린은 그 후로부터 회원들의 인기를 한 몸에 받는 피니싱 홀이 되었다.

서닝데일 골프 클럽의 클럽하우스와 18번 홀 그린 옆 오크트리를 본 사람들은 한결같이 이곳의 클래식한 아름다움에 찬사를 보낸다. 나 역시 서닝데일을 지금껏 가 본 클럽하우스 중에 최고로 손꼽는다. 언젠가 다시 방문해 라운드를 마친 후, 시원한 그늘이 있는 오크트리 밑 벤치에서 좋은 친구와 함께 스모키한 싱글 몰트 위스키 한 잔을 음미하고 싶다!

2　코스 중간에 화장실과 스낵 코너 등을 갖추어 쉬어 갈 수 있는 작은 건물

14번 홀 © Jacob Sjoman

05

꿈을 현실로 만든
줄리안 로버트슨

Kauri Cliffs 카우리 클리프

뉴질랜드에서 보낸 5일은 내겐 너무 짧은 시간이었다. 2006년 1월, 회사에서 기획한 해외 연수는 오클랜드 인근의 포모사Formosa를 시작으로 멕켄지 박사의 손길이 닿은 티티랑기Titirangi를 방문한 후 북쪽 끝단 케리케리에 위치한 카우리 클리프까지 왕복 7시간 거리를 하루에 주파하고, 다시 북섬 동남해안의 케이프 키드내퍼Cape Kidnapper를 마지막 종착지로 하는 만만치 않은 일정이었다. 하지만 이곳에서의 일정이 타 대륙에서의 코스 답사와 다르게 느껴진 이유는 무엇이었을까? 그건 뉴질랜드만의 독특한 분위기 때문이었다.

도심 한복판 시계탑의 시계바늘마저 천천히 도는 것 같고, 공원에서 조깅하는 사람들도 슬로우 모션으로 뛰고 있는 듯한 뉴질랜드의 여유로움은 어디서 오는 걸까? 남한의 2.6배 면적인 두 개의 섬에 사람 460만, 양 3천만, 소 1천만, 사슴 2백만이 함께 사는 나라, 양과 소가 뿜어내는 메탄가스에 '방귀 세금'을 매기려다 농부들의 거센 반발로 무산된 이력이 있는 나라, 원주민 마오리족을 존중해 온 자유와 상생의 나라, 반지의 제왕 시리즈가 촬영된 태고 때 자연의 모습이 남아 있는 나라. 뉴질랜드를 설명하는 수식어는 다양하지만, 이 모든 특성이 어우러져 만든 '여유로움'은 그 여운이 오래도록 가시지 않았다. 뉴질랜드에는 총 397개의 골프코스가 있다. 전 세계에서 스코틀랜드 다음으로 인구 대비 골프코스 수가 많고, 키위(뉴질랜드인을 부르는 애칭)들에게 가장 인기 있는 스포츠가 골프다. 1895년 뉴질랜드에 최초의 골프 클럽이 설립된 이래 지금까지 골프는 이 아름다운 섬나라에 견고히 뿌리를 내렸다.

뉴욕 헤지펀드 업계의 전설이자 타이거 매니지먼트를 설립한 줄리안 로버트슨Julian Robertson은 1995년 뉴질랜드 북섬으로 목장을 사러 왔다. 그는 16년 전 맨해튼에서 증권중개인으로서의 성공적인 커리어를 접고, 소설을 쓰기 위해 뉴질랜드로 이주해 일년을 머문 경험이 있었다. 그때 느꼈던 이곳만의 분위기 때문이었을까? 그는 헬리콥터를 타고 북섬 해안가를 샅샅이 뒤져서 케리케리KeriKeri라는 꿈에 그리던 땅을 찾아냈다. 6년 후 카우리 클리프 골프코스가 완성됐고, 코스를 배경으로 카우리 클리프 롯지를 세움으로써 로버트슨 가문의 새로운 골프 리조트 비지니스가 시작됐다. 2001년 개장 직후, 카우리 클리프는 세계 각국 여행 잡지의 단골 기사로 소개되었고, 줄리안의 뉴질랜드 사랑도 더욱 깊어졌다. 같은 해, 그는 북섬 남동쪽 호크스 베이의 농장을 사들였고, 2004년 '케이프 키드네퍼'라는 독특한 이름의 골프코스를 개장했다.

내가 카우리 클리프를 처음 본 건 TV에서였다. 미국의 골프 채널은 1961년부터 2003년까지 '쉘의 멋진 골프 세상Shell's Wonderful World of Golf'이라는 프로그램을 방영했다. 세계 각국의 아름다운 골프코스에서 유명 선수들의 경기를 보여 주는 내용이었다. 경기뿐 아니라 선수들의 대화나 코스 설계자, 오너와의 인터뷰 등을 넣어 마치 시청자들과 함께 여행하는 듯한 재미를 주었다. 공교롭게도 내가 본 유일한 에피소드가 카우리 클리프에서 미국의 프레드 커플스와 뉴질랜드의 마이클 캠벨 사이에 벌어진 대결이었다. 프레드 커플스의 리드미컬하게 낚아채는 듯한 스윙과 마이클 캠벨의 마오리족 특유의 파워가 대조적인 경기였는데, 마지막 홀까지 가는 접전 끝에 프레드 커플스가 2타 차로 승리했다.

　　방송을 본 후 한동안 뉴질랜드 골프코스에 대한 환상이 생겼는데, 드디어 그 모습을 눈으로 직접 확인하게 된 것이다. 동 트기 전에 오클랜드를 출발한 버스는 3시간 반 후 카우리 클리프의 클럽하우스에 도착했다. 드넓은 목장의 대지 위, 가장 높은 지대에서 사방을 조망하고 있는 클럽하우스는 19세기 말 유행했던 뉴질랜드의 콜로니얼Colonial 건축 양식을 반영해 아름답고 클래식한 모습이다. 하얀색 목조 건물 위에 옅은 청회색 지붕과 그 위로 경쾌하게 솟은 흰 굴뚝은 케리케리의 푸른 하늘과 절묘한 조화를 이뤘다. 미국의 골프코스 설계가 데이빗 하먼David Harman은 처음 이곳에 발을 디뎠을 때, 꿈이 현실이 된 것 같았다고 한다. 약 550만 평에 달하는 땅에는 200여 개의 골프 홀이 숨어 있었고, 그에게 주어진 임무는 그중 18개를 찾아 연결시키는 일이었다.

클럽하우스 © Kauri Cliffs

THREE KINGS
ISLANDS

*North
Cape*

Te Kao

3 The Lodge at Kauri Cliffs

Otiria

Whangarei

Dargaville

*Tasman
Sea*

*Great Barrier
Island*

North Shore

Waitakere   **2** **1** Formosa Golf Resort

Titirangi Golf Club   Manukau

*North
Island*

Tauranga   *Bay of
Pienty*

*East
Cape*

Hamilton

Whakatane

Rotorua

Taupo

New Plymouth

Gisborne

*Cape
Egmont*

*Hawke
Bay*

Hawera

Hastings Napier

4

Whanganui

Cape Kidnappers Golf Club

*Cape
Farewell*

Palmerston
North

Collingwood

Karamea

Porirua

Picton
Nelson

Lower Hutt
Wellington

Westport
Ngakawau

Blenheim

*Cape
Palliser*

Reefton

Greymouth

Hokitika

Kaikoura

Whataroa

Christchurch

Akaroa

*Banks
Peninsula*

Ashburton

뉴질랜드 북섬 답사 지도 © Shutterstock

Timaru

South

SOUTH
PACIFIC

142

카우리 클리프가 위치한 섬들의 만 Bay of Islands 은 이름이 말해 주듯 작은 섬들이 해안 절벽을 따라 분포돼 있다. 해안 절벽에 이르기 위해서 거쳐야 하는 첫 4개 홀은 자신의 실력에 맞는 티를 선택하면 누구나 즐길 수 있는 오프닝 홀로 충분하다. 6번 홀을 마치고 카트를 타고 오르막길을 올라, 7번 홀 티잉 그라운드에 도착한 순간, '우아!' 하는 감탄사가 절로 나왔다. 나뿐 아니라 일행 모두가 케리케리의 절경을 감상하느라 골프도 잠시 잊었다. 하늘에서 초콜릿 물이 떨어져 굳은 듯한 오밀조밀한 섬들이 바다 위에 떠 있는 모습은 어디에서도 찾아볼 수 없는 이곳만의 매력이다.

7번홀 © Jacob Sjoman

17번 홀 그린을 지키는 소나무 © Jacob Sjoman

절경에 취한 정신을 가다듬고 마주한 파3은 바람이 모든 것을 결정했다. 챔피언십 티에서 182m, 화이트 티에서 146m인 홀은 바다에서 불어오는 바람의 세기에 따라 클럽 선택과 티 샷의 방향을 함께 고려해야 하는, 파3 중 가장 어려운 홀이다.

후반 9홀 중 내륙 계곡의 습지대를 지나는 첫 3개 홀은 바다로 이어지는 홀까지의 연결 고리로 손색이 없었다. 전반 9홀과는 사뭇 다른 아늑한 느낌마저 준다. 10번 홀은 283m, 파4홀로 바람을 등에 업은 장타자는 티 샷으로 그린을 공략할 수 있다.

14번 홀로 시작되는 홈스트레치 Home stretch [1]는 17번 홀까지 숨 막히게 이어진다. 14번 홀은 왼쪽에 관목들로 가득한 경사면이 해안 절벽에 연결돼 있고, 페어웨이는 좌측으로 휘어진 도그레그 홀이기 때문에 과감하게 페어웨이 왼쪽으로 티 샷을 보낼수록

1   클럽하우스로 돌아오는 마지막 홀들

18번 홀 페어웨이로 연결된 다리

그린까지의 거리가 줄어드는 장점이 있다.

카우리 클리프에서 잊을 수 없는 광경은 전반 7번 홀뿐이 아니었다. 400m 길이의 파4홀인 17번 홀은 멀리 그린까지 보이는 풍경과, 노포크 소나무를 코스 내내 볼 수 있어 태평양의 다양한 절경에 마침표를 찍는 것 같았다. 그린을 보호하는 수호신 같은 노포크 소나무는 마치 한 폭의 판화처럼 내 기억 속에 새겨졌다.

마지막 18번 홀은 오르막 파5홀로 티잉 그라운드를 떠나 계곡을 가로지르는 긴 다리를 건너야 한다. 베이 오브 아일랜드의 세상과 그 밖의 세상을 연결하는 듯한 다리는 마치 현실로의 회귀를 상징하는 것 같았다.

Q: 카우리 클리프는 왜 100대 코스에 포함되지 않는 걸까?

세계 100대 코스 랭킹은 다양한 매체에서 선정한다. 그중 가장 대표적인 선정 기관은 미국의 골프매거진과 골프다이제스트이다. 두 미디어의 차이점은 골프매거진이 미국을 포함한 전 세계의 100대 코스 순위를 매기는 반면, 골프다이제스트는 미국 100대 코스와 미국을 제외한 세계 100대 코스를 구분해서 선정한다.

이런 이유로 카우리 클리프는 골프다이제스트 세계 100대 코스에는 이름을 올렸으나, 골프매거진 랭킹에는 포함되지 않았다. 그 이유는 무엇일까?

전문가들의 의견은 대체로 이러하다. 부지의 특별한 아름다움이 주는 장점을 잘 살린 코스지만 독창성이 부족하다는 점, 홀의 배치와 코스를 공략하는 방식이 일반적이며, 그린의 모양과 굴곡이 다양하지 못하다는 이유 등이다.

내 의견도 이들과 같다. 하지만 세계 100대 코스 중 남녀노소 모두 즐길 수 있는 리조트 코스가 극히 드물다는 사실은 많은 것을 시사한다. 100대 코스 상위권에는 대부분 미국과 영국 그리고 호주의 명문 회원제 코스들이 포진해 있다. 극소수의 골프마니아들을 위해 오랜 세월 동안 진화한 최고의 코스들은 당연히 독창적이고 난이도가 높은 다양한 홀로 구성됐을 것이다. 반면 불특정 다수가 즐길 수 있는 리조트 코스의 경우, 독창성이나 난이도 위주의 설계보다는 다양한 거리의 옵션을 제공하는 티잉 그라운드나 넓은 페어웨이를 만드는 방향을 택하는 것이 상식이다. 그래서 친구들과의 골프 여행은 어렵기로 유명한 밴던 듄스 리조트나 휘슬링 스트레이츠 코스가 있는 코흘러 리조트를, 가족들이나 애인과는 아름다운 경치를 즐길 수 있고, 여유로운 휴가를 보낼 수 있는 페블 비치나 카우리 클리프를 추천하는 것이다.

2020-2021 GOLF 매거진 세계 100대 코스 리스트

출처: www.golf.com

NO	2020-2021	Location	NO	2020-2021	Location
1	Pine Valley	Pine Valley, NJ	51	Royal Troon, Old	Troon, Scotland
2	Cypress Point	Pebble Beach, CA	52	Camargo	Cincinnati, OH
3	St. Andrews, Old	St. Andrews, Scotland	53	Bethpage, Black	Farmingdale, NY
4	Shinnecock Hills	Southampton, NY	54	Woodhall Spa, Hotchkin	Woodhall Spa, England
5	National Golf Links of America	Southampton, NY	55	Swinley Forest	South Ascot, England
6	Royal County Down	Newcastle, N. Ireland	56	Kawana, Fuji	Ito-Shi, Japan
7	Royal Melbourne, West	Black Rock, Australia	57	Ballyneal	Holyoke, CO
8	Oakmont	Oakmont, PA	58	Kiawah Island, Ocean	Kiawah Island, SC
9	Augusta National	Augusta, GA	59	Casa De Campo, Teeth of the Dog	La Romana, Dominican Republic
10	Royal Dornoch, Championship	Dornoch, Scotland	60	Cape Wickham	King Island, Australia
11	Pebble Beach	Pebble Beach, CA	61	Royal Lytham & St. Annes	Lytham St. Anne, England
12	Muirfield	Gullane, Scotland	62	Winged Foot, East	Mamaroneck, NY
13	Royal Portrush, Dunluce	Portrush, N. Ireland	63	Cruden Bay	Cruden Bay, Scotland
14	Sand Hills	Mullen, NE	64	Maidstone	East Hampton, NY
15	Merion	Ardmore, PA	65	Royal Liverpool	Hoylake, England
16	Pinehurst, No 2	Pinehurst, NC	66	Castle Stuart	Inverness, Scotland
17	Trump Turnberry, Ailsa	Turnberry, Scotland	67	Rye, Old	Camber, England
18	Fishers Island	Fishers Island	68	TPC Sawgrass, Stadium	Ponte Vedra Beach, FL
19	Chicago	Wheaton, IL	69	Whistling Straits, Straits	Haven, WI
20	Los Angeles, North	Los Angeles, CA	70	Diamante, Dunes	Cabo San Lucas, Mexico
21	Ballybunion, Old	Ballybunion, Ireland	71	Kingsbarns	St. Andrews, Scotland
22	Kingston Heath	Cheltenham, Australia	72	Oakland Hills, South	Bloomfield Hills, MI
23	Winged Foot, West	Mamaroneck, NY	73	Sunningdale, New	Sunningdalw, England
24	Pacific Dunes	Bandon, OR	74	Quaker Ridge	Scarsdale, NY
25	Crystal Downs	Frankfort, MI	75	Prestwick	Prestwick, Scotland
26	Friar's Head	Baiting Hollow, NY	76	Sleepy Hollow	Scarborough, NY
27	Tara Iti	Te Arai, New Zealand	77	Ellerston	Hunter Valley, Australia
28	Riviera	Pacific Palisades, CA	78	Royal Hague (Koninklijke Haagsche)	Wassenaar, Netherlands
29	Sunningdale, Old	Sunningdale, England	79	Olympic, Lake	Daly City, CA
30	San Francisco	San Francisco, CA	80	Bandon Dunes	Bandon, OR
31	Prairie Dunes	Hutchison, KS	81	Inverness	Toledo, OH
32	Carnoustie, Championship	Carnoustie, Scotland	82	Cabot Links	Nova Scotia, Canada
33	Royal St. George's	Sandwich, England	83	Yale	New Haven, CT
34	Seminole	Juno Beach, FL	84	The Golf Club	New Albany, OH
35	Barnbougle Dunes	Bridport, Australia	85	Muirfield Village	Dublin, OH
36	Lahinch, Old	Lahinch, Ireland	86	St. George's Hill, A&B	Weybridge, England
37	North Berwick, West	North Berwick, Scotland	87	Bandon Trails	Bandon, OR
38	The Country Club, Clyde/Squirrel	Brookline, MA	88	De Pan, Utrechtse	Utrecht, Netherlands
39	Hirono	Miki-Chi, Japan	89	Barnbougle, Lost Farm	bridport, Australia
40	Royal Birkdale	Southport, England	90	Walton Heath, Old	Tadworth, England
41	Morfontaine	Morfontaine, France	91	Peachtree (New)	Atlanta, GA
42	Somerset Hills	Bernardsville, NJ	92	Myopia Hunt Club (New)	South Hamilton, MA
43	Cabot Cliffs	Nova Scotia, Canada	93	Machrihanish	Machrihanish, Scotland
44	Cape Kidnappers	Te Awanga, New Zealand	94	Nine Bridges	Jeju Island, South Korea
45	Shoreacres	Lake Bluff, IL	95	St. George's	Etobicoke, Ontario, Canada
46	New South Wales	La Perouse, Australia	96	Royal Melbourne, East	Black Rock, Australia
47	Garden City	Garden City, NY	97	Waterville	Waterville, Ireland
48	Portmarnock, Old	Portmarnock, Ireland	98	Ohoopee Match Club	Cobbtown, GA
49	Southern Hills	Tulsa, OK	99	Rock Creek Cattle Company	Deer Lodge, MT
50	California Club of San Francisco	South San Francisco, CA	100	Trump Intenational Golf Links	Aberdeen, Scotland

태평양을 향해 뻗은 절벽 위의 골프코스 © Cape Kidnappers

06

전세기로 날아간
코리안 골퍼들

Cape Kidnappers Golf Club 케이프 키드네퍼 골프 클럽

뉴질랜드의 짧은 일정 중 케이프 키드내퍼 골프 클럽을 포함하는 유일한 방법은 전세기를 이용하는 것이다. 오클랜드에서 자동차로 6시간 걸리는 외딴 지역에 있어서, 카우리 클리프처럼 당일치기로 다녀오기는 불가능했기 때문이다. 에어뉴질랜드의 소형 제트 비행기는 한국인 골퍼 50명을 싣고 오클랜드를 출발해 한밤중에 해스팅스 공항에 착륙했다. 이후 나와 일행은 관광버스를 타고 25분 후, 작은 도시 네이피어의 바닷가에 도착했다.

호텔은 길 하나 사이로 해변을 마주하고 있었다. 밤 9시가 훌쩍 넘은 시각, 한국에서 온 단체 손님이 레스토랑을 점령하자 매니저가 난감해 하며 10시가 마감이라 50명의 음식을 준비하기엔 시간이 부족하다고 한다.

하지만 우리의 표정에서 지독한 굶주림을 읽은 걸까? 매니저가 고심 끝에 빨리 조리되는 파스타와 스테이크 위주로 준비해 주겠다고 하자 모두 환호성을 질렀다.

다음 날 아침, 발코니 문을 여니 눈부신 태평양의 파도와 시원한 바닷바람이 기분 좋게 맞이한다. 같은 코스에서 두 번의 라운딩 후 저녁 비행기로 떠나야 했기에, 아침부터 분주히 움직였다. 호텔에서 버스를 타고 10여 분을 달려 도착한 곳은 여느 골프 코스의 정문과는 달랐다. 인터컴의 벨을 누르니, 골프 예약자 이름을 알려 달라고 한다. 소나무가 울창한 계곡 사이로 버스가 달려 드디어 하늘이 활짝 열리며 큼직큼직한 언덕이 연결된 양 떼 목장이 눈앞에 나타난다. 골프 리조트의 입지 조건을 평가하는 기준 중 하나가 입구부터 클럽하우스까지의 도로에서 느끼는 특별함이다. 다른 세계로 들어가는 듯한 특별함은 하루를 기대하게 만든다. 최고의 리조트가 날 기다리고 있다는 벅찬 기대를 품게 한다.

'케이프 키드네퍼'라는 이름은 어디서 유래한 걸까? 이곳은 뉴질랜드 북섬의 동남

목장에 지어진 골프코스 © Cape Kidnappers

쪽 호크스 베이 끝단에서 태평양으로 돌출돼 있는 8km의 작은 반도이다. 1769년 영국의 쿡 선장이 인더버호를 타고 도착하기 전까지 유럽인들에겐 미지의 땅이었다. 선원 중 원주민과의 통역을 맡은 타히티 소년을 마오리족이 납치하려 했고, 이때 사건을 계기로 케이프 키드내퍼라고 불리게 되었다고 한다.

개장한 지 2년도 되지 않은 코스를 50여 명의 한국인이 방문한 건 처음일 것이다. 세상에 널리 알려지지 않은 코스를 경험한다는 건 흔치 않은 기회로 기대가 매우 컸다. 하지만 기대와 달리 클럽하우스는 밖에서 볼 때 심플하다 못해 내부 시설의 수준이 걱정될 정도였다. 양철 지붕의 목조 건물은 마치 오래된 목장의 헛간이나 마구간을 개조한 것처럼 보였다. 그러나 문을 열고 들어서자 이튼 알렌(미국의 가구 브랜드) 스타일의 편안하고 고급스러운 인테리어와 가구들이 한눈에 들어왔다. 또한 코스의 난간, 티 마크, 계단 등 리조트의 모든 디테일과 소품들이 마치 영화 속 한 장면에 있는 것 같은 느낌을 주었다. 과함도 모자람도 없는 뉴질랜드 시골 농장 같은 모습이었다.

클럽하우스 © Cape Kidnappers

5번 홀 © Jacob Sjoman

코스는 내륙 쪽으로 향해 있는 홀에서 시작된다. 클리프 탑Cliff top 코스의 장점이자 단점은 아름다운 경치이다. 절벽 위에서 바라보는 바다는 그곳에서의 골프를 잊을 수 없게 만드는 요소지만, 경치보다는 홀의 디자인으로 세계적인 코스인지 아닌지가 결정되기 때문이다. 이는 마치 한 인간을 평가할 때 외모보다는 인성이나 철학, 쌓아 온 경험과 업적이 더 중요한 기준이 되는 것과 같은 의미이다.

케이프 키드네퍼를 설계한 탐 도욱Tom Doak은 이런 포인트를 정확히 이해하고 있는 21세기의 가장 촉망받는 코스 설계가이다. 코넬 대학에서 조경학을 전공한 그는 골프의 성지 영국과 아일랜드를 여행하고, 세인트 앤드류스 올드 코스에서 캐디로 일하기도 했다. 피트 다이에게 코스 설계와 시공을 전수받은 후 2001년 개장한 미국 오리건주의 퍼시픽 듄스 코스를 설계해 세계적인 코스 설계가 반열에 올랐다. 그가 설계한

13번홀 그린 © Cape Kidnappers

코스를 처음 만난다고 생각하니 기대와 함께 그의 설계 철학을 분석해 봐야겠다는 욕심이 생겼다.

내륙의 3개 홀은 기존 지형을 활용해 벙커와 그린의 위치를 찾은 훌륭한 홀들이었다. 파4, 파5, 파3으로 진행되는 시퀀스는 경기 초반에 다양한 클럽을 사용할 기회를 준다. 바다로 향하는 4번 홀은 블라인드 티 샷으로 시작된다. 블라인드 티 샷은 영국이나 호주의 코스에서는 흔히 접한다. 코스를 공사할 때 기계를 사용하지 못했던 시절, 시야를 가리는 언덕을 부수는 대신 정확한 샷으로 넘겨 치는 옵션을 골프의 한 요소로 도입한 것이다. 블라인드 샷이라도 그린 공략 때보다는 티 샷이 훨씬 수월하다는 것을 플레이해 본 사람들은 느낄 수 있다. 5번 홀에서 시작된 태평양의 절경은 6번 홀에서 절정에 달한다. 206m 파3홀은 깊이를 알 수 없는 계곡을 넘겨야 한다. 탐 도욱은 이곳

15번 홀 그린 © Cape Kidnappers

만의 특색 있는 지형을 코스에 최대한 도입했다. 항공 사진을 보면, 마치 거대한 손가락이 바다를 향해 뻗어 있는 모습이다. 높이 140m에 달하는 절벽의 손가락 위에 홀을 배치하고, 그 끝에서 옆 손가락의 손톱 부분에 위치한 그린으로 건너 칠 수 있도록 파3홀을 만들었다. 그린에 도달하기 위해서는 손가락 사이를 이어 주는 긴 다리를 건너야 한다.

후반 9홀은 땅의 에너지가 느껴지도록 기존 지형을 최대한 살린 모습이 인상적이었다. 모래가 덮인 벙커만이 사람의 손으로 만든 것처럼 보인다. 절벽 끝에 아슬아슬하게 위치한 12번 홀 그린에 감탄한 골퍼들은 잠시 후 13번 홀에 도착했을 때 다시 한 번 경탄한다. 절벽 사이 깊은 협곡을 넘겨 쳐야 하는 13번 홀은 해안선과 평행하다 보니 바다에서 불어오는 강한 바람을 고려해야 하는 까다로운 파3홀이다.

'해적의 널판지'라 불리는 15번 홀은 594m의 파5이다. 벙커 하나 없이 곧게 뻗은 페어웨이는 마치 해적선의 갑판 끝에 있는 널판지 위를 걷는 듯한 위태로움을 느끼게 한다. 제아무리 장타자라도 적어도 세 번의 샷을 해야 그린에 도달할 수 있는, 코스 내에서 가장 어려운 핸디캡 1번 홀이다. 클럽하우스로 돌아오는 3개의 홀도 비록 해안 절경은 없지만, 섬세하게 조성된 그린이 끝까지 긴장의 끈을 놓을 수 없게 하는 매력이 있다.

골프코스 하나를 제대로 만들어 세계 100대 코스 랭킹에 오르게 하고, 전 세계 골퍼들의 이목을 집중시켜 결국은 뉴질랜드 섬 끝단으로 향하는 비행기에 오르게 하는 힘은 쉽게 나오지 않는다. 꿈이 있는 개발자가 창의적인 설계자를 찾아 힘을 모을 때에만 가능하다.

설계자 탐 도욱은 21세기 코스 설계에 미니멀리즘을 유행시킨 장본인이다. 자연 훼손을 최소화하고, 지형의 형태를 골프에 최대한 도입한 방식은 최고의 코스를 만드는 비법이다. 그가 케이프 키드네퍼에서 처음 코스 부지를 마주했을 때 아래와 같이 표현했다고 한다.

'절벽 위 편평한 손가락과 같은 땅은 양 떼가 풀을 뜯어 이미 페어웨이로 쓸 준비가 돼 있었다. 공사가 시작되기도 전, 나와 내 직원들은 계획된 18개 홀 중 15개 홀을 자연 그대로의 상태로 플레이할 수 있었다.'

대지가 전달하는 에너지를 훼손하지 않고, 골프를 통해 아름답게 드러내는 능력이야말로 모든 코스 설계자가 추구해야 할 궁극적인 목표일 것이다.

15번 홀 'Pirate's Plank' © Jacob Sjoman

07

'The King',
아놀드 파머를 만나다

|

Pebble Beach Glof Links 페블 비치 골프링스

페블 비치 골프링스의 6번 홀 그린은 언덕 위에 있다. 그곳에 '외로운 사이프러스'라고 불리는 아름다운 나무가 있는데, 페블 비치 골프링스의 로고로 쓰인다. 골프마니아라면 멀리서도 이 로고를 알아볼 정도로 유명하다. 로고 밑에는 1919년 2월 22일 개장한 골프코스를 기념하기 위해 1919 숫자가 수놓여 있다. 당시 한반도에서는 일본제국 식민 치하에서 민족대표 33인이 3월 1일 기미독립선언을 준비하고 있었다. 같은 해에 상반된 일이 일어난 사실이 한국인이자 골퍼인 나에게 미묘한 감정을 일으켰다. 그러나 지금은 선열들의 희생 덕에 세계 각국을 자유로이 다닐 수 있음에 감사하며, 페블 비치 골프링스에 대해 얘기해 보고자 한다.

1885년 메사추세츠주, 뉴톤에서 태어난 사무엘 모스Samuel Finley Brown Morse는 1916년 몬터레이 반도의 해안 절벽 위에 골프코스를 짓고, 그 너머에 주택을 개발하는 계획을 차근차근 실현해 나갔다. 사무엘 모스는 우리에게 전신 발명가로 알려졌는데, 페블 비치를 건설한 모스는 그의 먼 사촌이자 동명이인이다. 모스는 페블 비치 외에도 몬터레이 지역에 추가로 땅을 매입해 페블 비치보다 더 훌륭한 코스로 평가받는 사이프러스 포인트를 포함한 총 8개의 골프코스를 개발했다. 그가 이 지역의 아마추어 골퍼인 잭 네빌Jack Neville과 더글라스 그랜트Douglas Grant에게 코스 설계를 맡긴 것은 이해하기 힘든 결정이었다. 그때까지 한 번도 코스 설계 경험이 없던 이들은 다행히 지금까지 세계 10대 코스 중 하나로 평가받는 훌륭한 결과물을 만들어 냈다. 가능한 많은 홀을 해안가에 배치하고자 했던 잭 네빌은 4개의 원형 고리를 활용한 라우팅을 통해 그 목표를 달성했다. 고리 끝에 위치한 클럽하우스에서 내륙을 돌아 바다로 나가는 연결 고리를 반복해 총 9개 홀을 바닷가에 만들었다. 그 후 알리스터 맥켄지, 잭 니클라우스, 아놀드 파머를 포함한 유명한 설계자들이 코스를 여러 번 개조했지만, 그들이 중요한 뼈대를 세운 것은 분명한 사실이다.

페블 비치는 US오픈 총 6회, PGA챔피언십 1회를 치른 명성에 걸맞게 아름다움과 난이도를 동시에 갖춘 코스로 유명하다. 높은 그린피 때문에 큰 기대를 하고 온 이들에겐 실망스러울 수 있는 1번 홀과 평범한 2, 3번 홀을 지나면 비로소 바닷가에 인접한 홀들이 기다린다. 페블 비치의 역사에서 가장 많은 페이지를 차지한 6번 홀의 그린

리조트 입구

6번 홀 티에서 본 풍경. 페어웨이 좌측에 아놀드 파머와 그의 설계자가 서 있다

과 7, 8번 홀 티잉 그라운드는 '화살촉'이라 불리는 바위 절벽 위에 있다. 이곳에 오른 골퍼들은 부서지는 파도 소리에 휩싸인 채 골프를 즐길 수 있다.

파란 하늘 아래 태평양의 눈부신 파도가 넘실대는 페블 비치. 바다를 향한 내리막 파3, 7번 홀에 도달하기 위해서는 어렵기로 악명 높은 6번 홀을 거쳐야 한다. 2000년 US오픈에서 타이거 우즈가 깊숙한 오른쪽 러프에서 나무를 넘겨 친 블라인드 세컨 샷이 마법처럼 그린에 올라갔던 바로 그 홀이다.

숨을 고르며 티 샷을 준비하던 중 페어웨이 왼쪽 러프에 수상한 사람 두 명이 서 있었다. 핫핑크색 스웨터를 입은 남자와 키가 190cm는 돼 보이는 남자가 지도를 보며 심각하게 대화를 나누고 있었다. 근처에 카트나 골프백이 보이지 않는 걸로 보아 골프를 치러 온 사람들은 아닌 것 같았다. 7번 홀을 빨리 보려는 마음에 궁금함을 뒤로 하고 티 샷을 날린다. 다행히 페어웨이 한가운데로 떨어진 티 샷. 그때서야 대체 저들은 누구인가 의문을 안고 세컨 샷을 하기 위해 언덕을 내려가는 순간, 핑크 스웨터의 주인공이 언덕을 올라왔다.

오 마이 갓! 그는 아놀드 파머였다. 먼저 말문을 연 건 그였다. "정말 멋진 샷이었어." 칭찬하는 그를 향해 난 '땡큐'라는 말 대신 "아니Arnie, 여기서 뭐 하는 거예요?"라고 물었다. '아니'라고? 이건 미국인들이나 부를 수 있는 그의 애칭이다! 그는 밝게 웃으며 처음 만난 나에게 2010년 US오픈 준비를 위한 코스 개조를 맡아 답사 중이라고 설명했다. 옆에 있던 키 큰 남자는 그의 코스설계자였다. 아놀드 파머는 조금도 망설이지 않고 나에게 사인을 해 주고, 사진도 찍어 주었다. 그의 친절함을 직접 겪어 보니 반세기 동안 미국인들이 왜 그를 가장 좋아하는 골퍼이자 존경하는 스포츠 스타로 여기는지 이해할 수 있었다.

2016년 세상을 떠난 그를 추억하고 그리워 하는 골퍼들이 아직도 많다. 그의 큼지막한 손을 잡아 본 나도 그중 한 명이다. 다음 번 페블 비치 라운딩 때 6번 홀을 지나면 그가 생각날 것 같다.

7번 홀은 역사상 가장 많이 사진에 담긴 파3홀이다. 애로우 포인트 언덕 위에서 태평양을 향해 내려치는 파3의 배경은 절벽 아래 바위 위로 흩뿌려지는 하얀 물보라가 대신한다. 100m밖에 되지 않지만, 프로선수들조차 바람의 세기에 따라 다양한 클럽을 선택하게 하는 악명 높은 홀이기도 하다. 엄청난 강풍이 분 대회에서 티 샷을 퍼터로 해 유일하게 파를 한 샘 스니드Sam Snead의 일화도 유명하다. 이 홀은 퍼터부터 3번 아이언까지 사용해야 하는 전 세계에서 유일한 100m 미만의 파3홀이다.

아놀드 파머와 나

위: 7번 홀 그린, 아래: 해안 절벽 위에 8번 홀

라운드 중 단 한 번이라도 완벽한 샷이 있었다면, 그 라운드는 기억에 오래 남는다. 페블 비치에서 이런 샷을 만들 기회가 있었다. 방금 전 아놀드 파머를 만난 것도 잠시 잊고, 나는 블라인드 티 샷이 떨어진 페어웨이에서 8번 홀의 그린을 내려다보았다. 세컨 샷을 기다리는데 우측 낭떠러지 아래 백사장 위로 애견과 산책하는 사람들이 눈에 띄었다. 7번 아이언으로 풀스윙을 하려던 욕심을 내려놓고, 6번 아이언으로 3/4 스윙을 부드럽게 했다. 샷은 허공에 뜬 채로 30m에 달하는 절벽의 갈라진 틈을 넘어 그린에 안착했다. 잭 니클라우스가 세계 최고의 어프로치 샷을 할 수 있는 홀이라고 칭찬한 8번 홀에서 나름 최고의 샷을 한 기억이 내 머릿속 골프 앨범에 고이 간직돼 있다.

8번에서 10번 홀까지 이어지는 절벽 위의 질주가 끝나면 다시 내륙으로 돌아와 평범한 6개의 홀을 거쳐야 한다. 이후 클럽하우스로 돌아오는 두 개 홀은 다시금 골프 역사에 중요한 위치를 차지한다. 파3 17번 홀은 182m 이상의 거리뿐만 아니라 플레이 라인에 대각선으로 놓인 좁은 그린으로 인해 매우 터프한 마무리 홀 역할을 했다. 1982년 US오픈 마지막 날, 잭 니클라우스가 선두로 경기를 마친 상황에서 톰 왓슨의 티 샷이 17번 홀 그린을 벗어나 왼쪽 러프에 떨어졌다. 이 순간 우승을 예감한 니클라우스와 달리, 왓슨은 버디를 확신하고 있었다. 러프에서 친 칩 샷이 홀컵으로 빨려 들어가는 것을 확인한 후 환호하는 왓슨. 이 장면은 TV 중계사에 길이 남을 명장면이었다. 18번 홀을 버디로 마무리한 그는 잭 니클라우스를 2타 차로 따돌리고 우승했다.

18번 홀 파5에서는 페어웨이 한가운데 서 있는 소나무가 중요한 이정표가 된다. 나무를 겨냥한 드로우 샷을 페어웨이 중앙에 떨어뜨리는 것이 정석이지만, 자칫 티 샷이 소나무의 우측으로 갈 경우 페어웨이 오른쪽에 위치한 벙커에 빠지게 된다. 그러면 세컨 샷으로 그린을 공략하는 것이 불가능해진다. 골프 역사상 가장 어렵기로 유명한 18번 홀 중 하나로 꼽힌다.

미국의 골프다이제스트에서 실시한 설문 조사 중, '일생에 단 한 번의 골프 라운드가 남아 있다면, 어떤 코스에서 치고 싶은가?'라는 질문에 남성들은 1위 어거스타 내셔널, 2위 세인트 앤드류스 올드 코스, 3위 페블 비치를 꼽았다. 남성 골퍼들의 골프 버

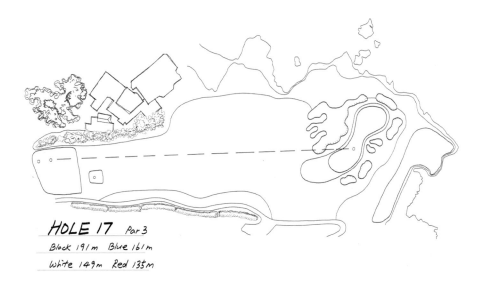

HOLE 17   Par 3
Black 191m   Blue 161m
White 149m   Red 135m

17번 홀 평면도

킷리스트는 최고의 권위, 가장 오랜 역사와 전통, 천혜의 자연이 주는 아름다움 순으로 채워진 듯하다. 그러나 조금 다르게 질문하면 가장 많은 선택을 받는 코스는 페블비치이다. 예를 들면 어버이날 부모님을 모시고 가고 싶은 코스, 여성 골퍼들이 가장 가고 싶어 하는 코스는 페블 비치가 항상 1위를 차지했다. 아마도 미국에서 조사하다 보니 성수기에 550달러에 달하는 그린피를 내더라도 자국에 있는 아름다운 퍼블릭 골프코스가 가장 현실적인 대안이 아니었을까? 톱 3 외에 대다수의 선택을 받은 코스가 또 있다. 바로 자신이 소속된 홈 코스였다. 그중 내가 가장 공감한 이유는 '오랜 친구들과 함께 나눈 추억을 되새기고 싶어서'였다. 역시 최고의 골프 라운드는 '어디에서' 뿐 아니라 '누구와 함께'도 중요한 법이다. 그렇다면 당신의 마지막 라운드는 '어디에서 누구와 함께'하고 싶은가.

08

태평양을 향해
쏴라!

Bandon Dunes Golf Resort 밴던 듄스 골프 리조트

"준, 이거 한번 해 봐!"

16번 홀에 이르자 캐디가 드라이버를 빌리더니 골프공을 티 위에 올려놓고 바다를 향해 공을 날린다. 이 친구의 루틴을 보아 하니 처음은 아닌 듯하다. 나도 질세라 먼 바다 수평선을 향해 있는 힘껏 공을 때린다. "제이슨, 이건 어때!"

밴던 듄스 리조트는 마초 냄새 물씬 풍기는 골프의 서바이벌 경기장이다. 구릿빛 피부의 남성 골퍼들로 가득한 클럽하우스 레스토랑에는 서빙하는 여자 직원을 제외하곤 여성의 모습은 보이지 않는다. 골프에 중독된 친구들이 일 년 동안 모은 돈을 들고 골프라는 늪에 빠지기 위해 오는 곳이라고나 할까? 1999년 개장 직후 세계 100대 코스 리스트에 이름을 올린 밴던 듄스 코스는 퍼시픽 듄스, 밴던 트레일, 올드 맥도날드 코스와 함께 타의 추종을 불허하는 난공불락(공격하기에 어려운)의 골프 요새가 되었다. 먹고 마시고 자는 시간을 제외하고 하루를 온종일 골프로 채우게 되는 곳이 바로 밴던 듄스이다.

미 서부 오리건주 남쪽 해안에 위치한 밴던이란 마을은 미국인들에게도 생소한 곳

왼쪽부터 캐디 제이슨, '플레잉 인 디 엘리먼츠', 밴던 듄스 클럽하우스

이다. 이곳 쿠스베이는 해마다 회귀하는 연어의 굽은 콧잔등과 꼭 닮아 있다. 문명의 손길이 닿지 않은 해안을 탐험하는 야생조류 관찰자나 낚시꾼들이 간혹 방문할 뿐 외부인의 출입은 그리 잦은 곳이 아니었다. 그런데 2000년 이후 인구 3,000명의 작은 마을에 변화의 바람이 불기 시작했다. 인근 노스 밴드 공항에 골프백을 카트에 싣고 나오는 사람들이 속속 등장하기 시작한 것이다. 공항을 출발한 리무진 버스 안은 곧 벌어질 골프 라운드에 대한 열띤 토론으로 시끌벅적하다.

밴던 듄스 코스에서의 첫날 아침, 문명에서 벗어나 귓전을 호령하는 바람에 휩싸인 채 골프백을 짊어지고 페어웨이에 떨어진 하얀 공을 쫓아가는 반복적인 과정. 이를 수행하기 위해 태평양을 건너 12시간을 날아왔다. 링크스 코스를 경험하는 것을 스코틀랜드 사람들은 흔히 '플레잉 인 디 엘리먼츠 Playing in the elements'라고 한다. 여기서 '디 엘리먼츠'란 비바람을 포함해 시시때때로 변화하는 궂은 날씨를 뜻한다. 역사상 가장 오래된 골프 대회인 디 오픈 챔피언십에서는 첫날 옷차림이 가벼웠던 선수들이 다음 날은 바람막이로 온몸을 감싸는 것도 모자라 털모자를 쓰고 플레이하는 모습을 종종 볼

수 있다. 이런 변화무쌍한 날씨 탓에 디 오픈은 다양한 에피소드와 함께 예상치 못한 우승자도 많이 배출했다. '바람이 없는 골프는 진정한 골프가 아니다'라고 말하는 스코틀랜드인들은 바람 잘 날 없는 그 동네 날씨를 그런 식으로 표현한 게 아닐까? 오전과 오후의 풍향 및 풍속이 극명하게 변하는 환경 때문에 같은 코스에서도 180도 다른 매력이 존재한다. 밴던에서는 여유를 갖고 한 코스를 오전과 오후에 반복해서 쳐 보기를 권한다.

이곳에는 우리에게 익숙한 전동카트도 보이지 않는다. 전통적인 골프는 걸으면서 해야 하는 스포츠이다. 골프백을 등에 짊어지든, 트롤리라 불리는 수동카트에 실든 그건 골퍼의 자유지만 밴던 듄스에서는 전통을 엄격하게 고수한다. 코스를 걸을 때만이 비로소 나만의 골프 리듬을 찾을 수 있다. 마치 음악을 들을 때 사용하는 '빨리 건너뛰기' 기능처럼 전동카트로 건너뛰는 순간 골프는 '스포츠'가 아닌 '게임'이 되어 버린다. 이런 이유로 미 대륙에서 원조 링크스 골프를 경험하기에 가장 좋은 장소가 바로 밴던 듄스이다.

오전에 경험한 16번 홀은 오후가 되자 바다에서 불어오는 강력한 바람으로 전혀 다른 홀이 됐다. 자연 지형을 드라마틱하게 살린 페어웨이는 해안 계곡 너머에 비스듬히 있기 때문에 계곡을 넘겨 더 멀리 친 골퍼가 유리한 위치에서 그린을 공략할 수 있다. 오전에는 바람을 업고 플레이한 덕에 티 샷을 이단 페어웨이 윗쪽에 보낼 수 있었다. 그러나 오후에는 확연히 다른 전략이 필요하다. 티 샷을 한 동료의 공이 페어웨이 한가운데로 향하는가 싶더니 바람에 밀려 왼쪽 러프로 곤두박질치는 모습을 본 후, 나는 티를 조금 더 낮게 눌러 꽂았다. 오전 라운드에서 바람의 힘을 빌리기 위해 했던 높은 탄도의 샷은 금물이다. 페어웨이 중앙으로부터 50m 정도 떨어진 벼랑 끝 아웃 오브 바운드 지역을 오조준한 후 나의 판단을 믿고 과감히 클럽을 휘둘렀다. 공은 마치 낚시꾼의 손을 떠난 낚싯줄처럼 아름다운 포물선을 그리며 30m 이상을 좌측으로 활강해 페어웨이 위에 안착했다. 의도한 대로 결과가 나왔을 때의 짜릿함을 월척을 낚았을 때의 손맛과 비교할 수 있을까?

16번 홀의 2단 페어웨이

밴던의 여름날은 한없이 길다. 오후 4시에 티 오프를 해도 18홀을 충분히 끝낼 수 있을 정도로 태양은 끈질기게 수평선 위에 걸려 있다. 골프 외에 다른 것을 할 수도, 할 필요도 없는 이곳은 내일의 라운드를 위해 일찍 잠자리에 들게 되는 곳이다. 미국의 골프마니아들 사이에서 '아내는 페블 비치에 데려가고, 친구들은 밴던 듄스로 데려가라'라는 말이 있다고 한다. 이곳은 그야말로 골프에 흠뻑 취할 수 있는 하드코어 골퍼들의 천국임에 틀림없다.

'페블 비치 해변에 필적하는 아름다움과 카누스티에 버금가는 링크스 골프에 파인 밸리의 가혹함이 함께하는 곳이 바로 밴던 듄스이다' - Golfweek

밴던 듄스 리조트의 퍼시픽 듄스 코스

09

태즈메이니아에서 보낸
한 해의 마지막 밤

Barnbougle Dunes 반부글 듄스

미국 오리건주의 밴던 듄스 리조트가 골프마니아들의 발길을 끄는 데 성공하자, 도심과 동떨어진 지역에 세워진 데스티네이션 골프 리조트Destination Golf Resort의 성공 사례도 전 세계로 퍼져 나갔다. 자연 그대로의 지형에서 길을 찾아 18개의 퍼즐 조각을 연결하는 과정은 600년 전 골프가 처음 시작된 스코틀랜드의 전통 방식이다. 그러나 20세기의 기계 문명은 산을 부수고 계곡을 메워 코스를 만드는 걸 가능하게 했다. 하지만 대도시 주변에 지어진 인공적인 코스는 많은 도시인들에게 골프 칠 기회를 제공했을지 몰라도, 멀리 타국에 있는 사람들을 끌어들이지는 못했다. 비행기를 타고 해외에서 골프를 즐기려는 사람들은 특별한 자연환경 속에 만들어진 코스를 선호한다. 마치 수십 년, 길게는 수백 년 전부터 있었던 것 같은, 평상시에 경험할 수 없는 자연과의 교류가 가능한 곳을 의미한다.

 심신이 지쳤을 때 인간이 힐링하는 두 가지 방법이 있다. 첫째는 날 이해하고 걱정해 주는 가까운 사람들과의 친밀한 교류이고, 둘째는 자연 속에서 가슴을 신선한 공기로 정화시키고, 두 눈을 눈부신 경관으로 채우는 방법이다. 나는 잠시 휴식이 필요

로스트 팜 코스 4번 홀 © Barnbougle Dunes

할 때 혹은 나만의 시간이 필요할 때, 한강으로 나가 직접 제작한 카누 '엘레프테리아
Eleftheria'를 띄우고 밤섬을 한 바퀴 돌곤 한다. 갈매기가 주위를 날며 나와 눈을 맞추고,
가끔 팔뚝만한 물고기가 수면 위로 튀어 오르기도 한다. 물 위에서 여유 있게 패들링
할 때만 경험할 수 있는 한강의 또 다른 모습은 지친 심신을 달래 준다. 이런 자연과의
교류는 골프를 통해서도 가능하다.

　2010년 12월 말 호주의 멜버른과 모닝턴 반도 코스를 돌아보던 중, 코스 설계 사무
실을 함께 운영하던 친구 할리 크루즈로부터 로스트 팜Lost Farm에 대한 얘기를 들었다.
수년 전 호주 남단 태즈메이니아 섬 해변에 코스를 만드는 프로젝트에 관여했지만, 아
쉽게도 미국인 설계자 탐 도욱에게 기회가 주어졌는데, 이곳에 두 번째 코스가 개장한
지 얼마 되지 않았다는 소식이었다. 탐 도욱이 설계한 반부글 듄스는 세계 100대 코스
에 오른 후였고, 새롭게 개장한 로스트 팜도 이에 필적할 정도로 훌륭하다고 전했다.

로스트 팜은 미국의 프로골퍼 출신 설계자인 밴 크랜쇼Ben Crenshaw와 빌 쿠어Bill Coore가 설계했다. 이들의 파트너십은 지난 35년간 네브라스카의 샌드 힐스, 오레건의 밴던 트레일과 캐나다의 캐봇 클리프와 같은 세계 100대 코스를 만들어 냈다. 고심 끝에 현지에서 급히 일정을 변경해 태즈메이니아 섬으로 향했다. 로스트 팜이 오픈한 지 며칠 되지 않은 시점이어서 더욱 특별한 방문이었다. 멜버른에서 비행기로 한 시간을 가면 태즈메이니아 섬 북단의 작은 도시 론서스턴에 도착한다. 이곳에서 북동쪽으로 차로 80km를 달리면 반부글 해변이다. 이곳에 호주 최고의 데스티네이션 골프 리조트인 반부글이 자리 잡고 있다.

태즈메이니아에 대해 내가 알고 있던 유일한 지식은 TV에서 본 '태즈메이니아 데블Tasmania Devil'이라 불리는 멸종 위기에 처한 동물이 전부였다. 태즈메이니아는 때 묻지 않은 자연으로 유명하다. 온화한 기후와 뜨거운 태양 볕 덕에 과일이 달콤하고, 와인 역시 품질이 좋기로 유명하다. 이곳에 와 본 적 있는 일행 중 한 명이 도로변 농장에 들러 체리를 사자고 제안했다. 얼마 후 감귤 상자 두 개 분량의 체리를 사들고 미니 버스에 오르는 그를 보고 내심, '저 많은 체리를 다 어쩌려고 그러지?'라고 생각했다. 하지만 한 명 두 명 바쁘게 손이 움직이더니, 방울토마토만한 체리를 과자 먹듯이 순식간에 해치워 빈 상자로 만들었다. 태즈메이니아에 가게 된다면 꼭 시골 농장에 들러 달콤한 체리를 맛보길 권한다.

한강에서 직접 만든 카누를 타고

반부글의 클럽하우스에 도착하면, 모든 게 골프에 필요한 만큼만 최소화돼 있는 것을 볼 수 있다. 골프 리조트는 코스로 승부한다는 자신감마저 느껴진다. 5성급 호텔을 원한다면 다른 곳을 찾아보라는 듯 모든 시설이 단순하면서도 깔끔했다. 끝없는 수평선이 눈앞에 펼쳐진 클럽하우스에서 드디어 반부글 듄스를 만날 준비를 하고 나섰다.

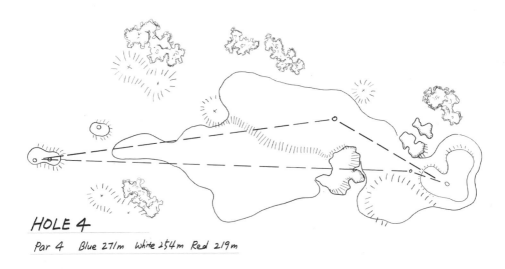

HOLE 4
Par 4   Blue 271m   White 254m   Red 219m

반부글 듄스 4번 홀 평면도

스코틀랜드에서나 볼 수 있는 전통적인 링크스를 재현한 듯한 코스는 해안선을 따라 해변으로 쓸려 온 모래가 퇴적된 언덕 사이로 인간의 문명보다 더 오래된 대지의 자잘한 근육을 그대로 드러내고 있었다. 무릎까지 오는 마람 그래스가 가득한 페어웨이는 잔디결이 보이지 않을 정도로 짧게 깎여 있었다. 첫눈에 봐도 전략적으로 샷을 해야 하는, 골프마니아들이 좋아할 만한 코스임이 분명했다. 페스큐한지형 잔디의 일종 잔디의 페어웨이와 벤트 그래스한지형 잔디의 일종, 주로 그린에 사용 그린은 마치 살아 있는 것처럼 자연의 굴곡이 그대로 드러나 있어, 해 그림자가 점차 짧아지는 이른 아침에는 마치 잠에서 깨어나고 있는 것 같았다. 어디서부터가 페어웨이인지 모를 너른 벌판에 있는 벙커들은 그린에 도달하기 위한 정답을 강요하기보다 나만의 루트를 개척하게 하는 묘미를 선물한다.

첫 3개 홀을 지나 반부글의 대지에 적응할 무렵, 남반구에서 가장 높은 벙커턱으로 유명한 4번 홀에 도착했다. 254m의 짧은 파4홀은 바람의 힘을 빌릴 경우 3번 우드로도 그린 공략이 가능하다. 그러나 페어웨이 우측 언덕을 가득 채우고 있는 벙커에 빠질 경우 높은 벙커턱으로 인해 그린을 공략하는 것이 불가능해진다.

　7번 홀은 스코틀랜드 로열 트룬의 포스티지 스탬프Postage Stamp 홀과 비슷한 모양으로 작은 그린을 벙커가 사방에서 에워싸고 있다. 98m의 짧은 홀이라고 얕보다간 더블 보기도 힘들 수 있다. 단단한 그린에 공을 세우기가 쉽지 않고, 그린을 놓칠 경우 티 샷을 벙커나 그린보다 낮은 페어웨이로 모조리 흘려보내기 때문에 리커버리 샷Recovery shot[1]을 미리 준비해야 하는 홀이다. 맞바람이 심할 경우 우측 전방의 페어웨이로 티 샷을 한 후, 퍼터로 핀을 공략하는 것이 현명한 선택이다.

　바람을 뚫고 숨 가쁘게 마무리한 전반 9홀에 이어 후반전을 준비했다. 12번 파4홀은 238m로, 바람의 방해가 없다면 그린을 공략할 수 있다. 편평한 그린에 익숙한 골퍼들은 마치 거친 손마디와 같은 그린 표면의 굴곡에 당황할 것이다. 페어웨이 좌측으로 티 샷을 보낸 후 그린까지 짧은 어프로치 샷을 남겨 두는 방법이 안전하다.

　15번 홀은 293m 파4홀로 커다란 해안 사구를 병풍 삼은 그린이 자연스럽게 잘 어울린다. 반부글과 로스트 팜 사이에 흐르는 강과 나란히 있는 이 홀은 페어웨이 한가운데 있는 벙커가 티 샷의 방향에 영향을 준다. 넉넉한 왼쪽 페어웨이로 공을 보내면 벙커가 있는 언덕이 시야를 가로막아 세컨 샷 시 그린이 보이지 않게 된다. 반면 페어웨이 벙커 오른쪽에 열려 있는 좁은 공간으로 티 샷을 보낼 경우, 그린으로 시야가 트이게 된다.

　반부글은 정답은 없지만 모범 답안이 많은, 그래서 자신이 친 샷의 결과를 받아들이고, 더 나은 샷을 계획해 목표에 도달하는 인생길 같은 코스이다. 아마도 호주에서 스코틀랜드 링크스 코스의 정신을 가장 잘 계승하고 있는 곳이 바로 반부글 듄스일 것이다.

　클럽하우스의 레스토랑에서 즐긴 2010년의 마지막 날 저녁 만찬은 인근 바다에서 낚은 해산물로 가득했다. 식사 중의 대화는 스코틀랜드에서의 경험으로 자연스럽게 흘렀다. 나는 일행에게 로열 트룬 근처 바닷가에서 캘리포니아 출신 친구가 나와 친구

1　미스 샷을 한 후 만회하기 위한 샷

위 : 반부글 듄스 7번 홀 그린 © Barnbougle Dunes, 아래 : 15번 홀 © Barnbougle Dunes

로스트 팜 코스 8번 홀 ⓒ Barnbougle Dunes

들에게 했던 질문을 똑같이 해 보았다.

"바다에 실오라기 하나 걸치지 않고 들어가 본 적 있어?" 내 질문에 모두들 당황해했다. 혹시라도 경험해 보고 싶으면 큰 수건 하나와 랜턴을 들고 한 시간 후에 만나자고 제안했다. 숙소에서 나와 불 꺼진 클럽하우스 앞으로 가니, 11명의 일행 중 5명이 날 기다리고 있었다. 한밤중에 랜턴과 수건 한 장씩 들고 별이 가득한 하늘 밑, 모래 언덕 사이를 수근거리며 걸어가는 6명의 한국인. 모래사장에 도착한 후 주저하는 일행을 뒤로 하고 내가 먼저 바다로 뛰어들었다. 끝까지 혼자 담배 한 개비를 물고 해변을 산책한 한 명을 제외하곤 모두 태평양의 시원한 바다로 돌진했다. 남십자성과 은하수가 가득한 여름밤 하늘 아래, 낄낄대며 숙소로 돌아오는 모습이 마치 어린아이들 같았다. 그때 머리 위로 별똥별이 한 개도 아닌 두 개씩이나, 별 반 하늘 반인 공간을 가로지른다. 태어나서 그렇게 많은 별을 본 건 처음이었다. 별똥별이 떨어지는 걸 보면 소원을 빌라고 했던가? 나는 소원 대신 다음 날 시작될 2011년을 멋진 한 해로 보내리라 스스로와 약속했다.

클럽하우스 야경 © Barnbougle Dunes

인생의 암흑기, 좌충우돌 서바이벌 게임

2006년 봄, 회사로 제안 요청서 한 부가 도착했다. 인천 송도에 한미 합작회사가 신도시를 건설하는데, 그곳에 잭 니클라우스가 설계한 골프코스를 만든다는 내용과 함께 골프코스 인허가를 포함해 니클라우스 사와 함께 프로젝트를 관리할 로컬 회사를 선정한다는 공문이었다. 며칠 후 영문 제안서를 들고 광화문 파이낸스 센터에 위치한 게일 인터내셔널Gale International 사무실을 방문했다. 담당자가 제안서를 훑어보더니, "제안서를 영문으로 제대로 낸 곳은 팀장님 회사가 유일하네요. 곧 좋은 소식이 있을 겁니다." 하는 게 아닌가? 그렇게 물 흐르듯 수월하게 로컬회사로 선정돼, 잭 니클라우스 시그니처 코스의 프로젝트를 따냈다.

2년여 동안 인허가와 엔지니어링 설계를 거쳐 착공을 앞두고 골프코스 시공사 선정을 했다. 나는 매립지 골프코스 공사 실적 및 해당 프로젝트를 2년간 함께 수행한 팀워크와 이해도를 앞세워 입찰 공모 프레젠테이션을 했다. 치열한 경쟁을 뚫고 우리 회사가 시공사로 선정됐다. 그로부터 2년간 현장과 사무실을 오가며 니클라우스 사, 포스코 건설, 게일 인터내셔널 코리아와 일했다.

JNGCK잭 니클라우스 골프 클럽 코리아는 21세기 골프 업계의 화두인 '지속 가능한 골프코스 개발'의 선구자적인 사례이다. 도심 근교에 매립지나 쓸모없이 버려진 땅을 개간해 도시인들에게 녹지를 제공하는 의미 있는 사업이기 때문이다. 골프코스 건설이 환경 파괴의 주범이라고 비판하지만, 실제 대도시 근교의 골프코스가 제공한 녹지 공간이 도시의 열섬 현상을 완화시키고, 생태계에도 매우 긍정적인 역할을 한다는 연구 결과는 수 없이 발표됐다. 비록 JNGCK가 회원제 골프코스여서 대중에 대한 기여도는 한정적이나, 도심의 기온을 낮추고 산소를 공급하는 역할만큼은 확실하다. 2018년 라이더컵을 개최한 파리 근교의 르 골프 내셔날Le Golf Natioinal의 경우도 쓰레기 매립지를 골프코스로 탈바꿈시킨 좋은 사례이다.

　현장에서 잭 니클라우스와 만날 기회가 많았는데, 그가 JNGCK에 쏟은 애정은 대단했다. 그는 '황금 곰' 로고가 선명한 전용기를 타고 인천공항 도착 후 공사 현황을 검수하고, 현장에서 직접 코스의 형태를 변경하기도 했다. 그가 마지막으로 현장을 방문했을 때, 2005년 스코틀랜드 올드 코스에서 개최된 디 오픈 챔피언십에서 그를 멀리서 지켜봤던 추억을 얘기하며, 소중히 간직해 온 잭 니클라우스 기념 지폐를 꺼내 그에게 보여 줬다. 그는 내 눈을 바라보며 잠시 추억에 잠기더니 "참 멋진 순간이었어" 하며 지폐 위에 사인해 주었다.

JNGCK 공사 현장 © JNGCK

2009년 10월, 난 JNGCK의 오프닝을 보지 못한 채 현장을 떠났다. 한국에 돌아온 지 4년 남짓. 그동안 친분이 쌓인 호주인 설계자 두 명과 함께 코스 설계 회사를 차렸다. 과거 그렉 노먼의 아시아 지사를 책임지던 밥 해리슨Bob Harrison, 할리 크루즈Harley Kruse와 함께 '해리슨 크루즈 오 골프코스 설계가들HKO Golf Course Architects'이라는 설계 사무실을 서울과 시드니에 개업했다. 그러나 주변 지인들의 격려와 기대와 달리 결과는 참담했다.

2007년 시작된 미국발 서브프라임 모기지 사태가 2008년 이후 국내로 여파가 이어지면서 유동성 확보를 위해 기업들이 보유하고 있던 골프회원권을 대규모로 시장에 매각했기 때문이다. 당연히 골프코스 개발 시장은 순식간에 붕괴됐고, 손가락에 꼽을 정도 숫자의 대중제 골프코스를 제외하고는 국내에는 더 이상 코스 설계 수요가 없었다. 그러던 중 중국에서 기회가 찾아왔다. 2012년 5월, 상해의 초대형 부동산 회사에서 코스 설계 브리핑을 하게 됐다. 호주 파트너인 할리가 찾은 일이었는데, 상해 근교에 세워질 헬로키티 놀이동산 내에 27홀 골프코스와 호텔을 건설하는 프로젝트였다. 당시 유일하게 희망을 건 프로젝트였던 만큼 준비를 철저히 해 브리핑을 성공적으로 마쳤다. 상해에 간 김에 에든버러에서 함께 공부했던 패트릭 림을 만났다. 나보다 한참 어린 동생 같았던 이 친구는 대륙의 기질을 물려받아서 인지, 에든버러에서 처음 만났을 때부터 나를 동년배 친구 대하듯이 했다. 그러던 어느 날 내게 전화 한 통이 걸려 왔다. 학위 과정이 끝날 무렵, 모든 과제물과 최종 디자인 작품 발표까지 마친 나는 학위 취득이 확정된 상태였다. 전화를 통해 전해진 패트릭의 목소리는 떨리고 있었다.

"준, 난 이번에 졸업을 못 할 것 같아…….."

이유는 과목 한 개에서 낙제를 했단다. 난 그런 패트릭을 격려하기 위해,

"앞으로 열흘 후면 넌 아무렇지 않게 웃으며 나와 맥주 한잔 하게 될 거야."라고 말했다. 의아해 하는 그에게,

"왜냐하면 난 그 과목을 잘 끝냈거든. 내가 만들었던 과제물을 줄 테니 잘 참조해서 다시 만들어 제출해 봐."라고 했다.

그로부터 일주일 후 학위 취득이 확정된 패트릭과 난 닥터스 펍에서 맥주를 마시며 각자의 미래에 대해 이야기를 나눴다.

이런 그가 상해에서 다니던 영국인 골프코스 설계 사무소를 그만두고, 팝콘 사업을 시작했다는 소식을 들었다. '웬 팝콘, 설계나 열심히 하지.' 난 마음속으로 2년 전 미국에서 주위 사람들이 내게 했던 똑같은 소리를 그에게 하고 있었다. 패트릭의 가게에 들어선 순간 코끝을 자극하는 달콤한 팝콘 냄새를 아직도 기억한다. 자그마한 가게의 한쪽에는 직원 한 명이 거대한 수저 같은 기구를 돌리며 팝콘을 볶고 있었고, 다른 한쪽에서는 길게 줄을 선 고객들에게 치즈 맛, 캐러멜 맛, 초콜릿 맛 팝콘을 팔고 있었다. 이건 내가 예상했던 모습과 완전히 다른 새로운 팝콘의 세계였다. 패트릭으로부터 사업 설명을 듣고, 함께 저녁 식사를 하면서도 팝콘 생각은 내 머릿속에서 떠나지 않았다. 상해를 떠나기 전 패트릭에게 물었다.

"내가 한국에서 팝콘 사업을 한다면 도와줄래?"

패트릭은 단 일초의 망설임 없이 내 부탁을 흔쾌히 들어줬다.

그 후 난 상해의 매장에서 본 기계를 직접 그려서 서울 황학동 조리 기계 공장에서 더 편리한 기계로 만들었다. 한국인의 입맛에 맞는 동시에 조미료를 가미하지 않은 수제 팝콘을 만들기 위해 전문가의 자문을 받아 5개월 후 드디어 한국 최초의 수제 팝콘 '피포카'를 탄생시켰다. 난 설계 사무소와 팝콘 제작 및 홍보 일을 동시에 했다. 첫해 크리스마스 연휴에는 직원 한 명과 일주인간 밤을 새우며 팝콘을 만들어 납품할 정도로 꽤 가능성이 있어 보였다. 한국에서 제일 맛있는 팝콘을 만들겠다는 목표로 밤낮없이 일하는 아들을 부모님은 걱정 가득한 눈으로 봤지만 내겐 걱정보다는 미래에 대한 희망이 더 커 보였다.

캐러멜, 벨기에 초콜릿, 브라운 슈거, 체다 치즈, 해초, 카레, 총 6가지 맛으로 무장한 피포카 팝콘이 출시된 지 수개월이 지나자, 국내 대기업에서 운영하는 극장에서도 미국식 수제 팝콘을 팔기 시작했고, 대학로에는 수제 팝콘 프렌차이즈 매장도 생겼다.

그렇게 팝콘에 2년을 매달렸다. 그러나 2년 후 내게 남은 것은 성공적인 프렌차이즈 매장도, 납품을 기다리는 고객도 아니었다. 내 팝콘을 먹어 본 극소수의 고객 리스트와 공장이라고 부르기엔 작은 공간에 가득 찬 장비와 박스들, 그리고 2년을 동거동락한 직원 한 명이 남았다. 결단을 내려야 했다. 투자한 돈이 아까워 계속 가다가는 끝이 안 보이는 수렁에 빠질 것 같았다. 결국 사업을 시작한 지 2년 만에 정리했다. 제조업은 좋은 제품을 만드는 것도 중요하지만 홍보와 유통을 잘 이해해야 한다는 점, 어떤 사업이든 기본 지식도 없이 무모하게 뛰어들어서는 안 된다는 값진 깨달음을 얻었으니 소중한 인생 경험이었다고 생각한다.

그때 만든 팝콘 기계는 아직도 돌아가고 있다. 함께했던 직원이 가평에 애견 카페를 창업해 팝콘 기계와 장비를 활용하고 있다. 카페를 가끔 찾아가면 내가 앉는 자리는 정해져 있다. 갓 볶은 팝콘을 포장하기 전에 식히고 옥수수 씨앗을 걸러 내기 위해 커다란 선반이 필요한데, 이를 테이블로 개조해서 쓰고 있었다. 바로 그곳이 내 자리이다.

패트릭은 그 후 사업이 계속 성장해 공장을 세웠고, 지금은 알리바바에서 중국 전역으로 판매하고 있다. 지금 생각해도 피포카는 한국에서 제일 맛있는 팝콘이었다.

코스 설계 일도 없고 팝콘 사업도 포기했던 2014년 여름, 송도 IBD International Business District에서 함께 일했던 게일인터내셔널 코리아로부터 연락이 왔다. 2015년 가을에 개최될 프레지던츠컵을 앞두고 JNGCK의 대표이사를 뽑는데 인터뷰를 해 보라는 연락이었다. 하늘이 주신 기회로 믿고 싶었다. 송도와는 분명 인연이 있다고 생각했고 꼭 될 거라는 자신감이 있었다. 그때까지 골프 클럽을 직접 운영한 경력은 없었으나, 전 세계 유수의 리조트를 방문하고 분석한 간접 경험과 코스 설계 학위 과정에서 배운 코스 관리에 대한 전문 지식, 무엇보다 JNGCK를 처음부터 함께한 경험과 열정을 더한다면 성공적으로 운영할 수 있으리라 생각했다. 클럽의 최대 주주가 미국인이었으므로 회사와의 원활한 커뮤니케이션은 필수 조건이었다. 그러나 일주일 후에 받은 결과는 탈락이었다. 나중에 전해들은 바로는, 내가 마지막 두 명이 남은 최종 리스트까지 올라갔으나, 근소한 차로 클럽 운영 경력이 있던 사람에게 기회가 돌아갔다는 것이다.

될 듯 될 듯 하면서 풀리지 않는 상황이, 마치 굶주린 사람의 손에 큼직한 음식 꾸러미를 주었다가 뺏어간 느낌이라고나 할까? 참담한 심정으로 천장만 쳐다보고 있기를 수개월, 전화 한 통을 받았다. 게일인터내셔널 코리아로부터 프레지던츠컵 TF팀을 맡아줬으면 한다는 전화였다. 그렇게 꺼질듯 하던 촛불이 다시 조금씩 타오르기 시작했다.

가평 카페 '아우팅'과 팝콘 기계 테이블 © 카페 아우팅

ROUND
4

골프로 설계한 내 인생

01

인천상륙작전 갯벌에서 열린 프레지던츠컵

Jack Nicklaus Golf Club Korea 잭 니클라우스 골프 클럽 코리아

2005년 스탠 게일 회장이 잭 니클라우스를 초청해 헬리콥터를 타고 지금의 JNGCK 부지를 내려다보며 이곳에 골프코스를 만들겠다고 하자, 잭 니클라우스는 그의 말을 믿지 않았다고 한다. 하지만 그의 열정과 완벽한 도시의 청사진을 본 후, 역사에 남을 작품을 만들기로 의기투합했다. 그로부터 5년 후인 2010년 10월 JNGCK는 정식으로 개장했다.

JNGCK는 특별한 도심형 골프 클럽이다. 24만 평의 정방형 부지에 6,700m가 넘는 토너먼트 코스를 세우고, 코스 안쪽에는 국내 최초로 179개의 고급 주택이 있는 골프 커뮤니티를 계획했다. 클럽하우스를 중심으로 좌측과 우측에 나비 날개 모양으로 9홀 씩 배치했는데, 이는 부지 활용의 효율을 극대화하면서 코스의 묘미까지 살린 획기적인 계획이었다. 코스에서 플레이하는 동안 멀리 보이는 송도IBD의 고층 건물을 바라보면, 이곳이 갯벌이 드러나던 바다라는 생각은 조금도 할 수 없다. 1번부터 9번, 10번부터 18번까지 매 홀이 각각 시계 방향과 시계반대 방향으로 돌아가며 진행되기 때문에 홀이 바뀔 때마다 다른 방향에서 바람이 불어와 난이도를 높인다.

　　전반 9홀에서 내가 가장 좋아하는 홀은 파5홀인 7번 홀이다. 챔피언십 티에서 510m, 화이트 티에서는 460m인 이 홀은 좌측에 사선으로 배치된 3개의 벙커 중 하나를 타깃으로 삼고 넘겨야 한다. 그린 앞쪽 좌측 150m 전방부터는 워터 해저드가 시작되므로, 세컨 샷을 리스크를 안고 그린을 공략할 것인지, 레이업 샷Lay-up shot[1] 후 100m 전후에서 어프로치 샷을 할 것인지 결정해야 한다. 그린으로 갈수록 좌우 공간이 좁아지고, 그린 입구에 둔덕이 돌출돼 있어 정확한 어프로치 샷이 필요하다. 이 홀을 내가 좋아하는 두 가지 이유는 첫째, 티잉 그라운드에서는 개인마다 다른 드라이버 샷의 거리에 따라 공략 루트를 달리해야 하는 도전이 필요하고, 둘째는 어프로치 샷을 할 때는 링크스 코스에서나 볼 수 있는 그린의 굴곡 때문에 예상치 못한 결과를 직면하기 때문이다.

　　후반 9홀의 오프닝 홀은 티 샷의 정확도가 중요하다. 우측 페어웨이 끝에는 인공 절

---

[1]　샷이 벙커나 워터 해저드에 빠지는 것을 방지하기 위해 의도적으로 짧게 치는 샷

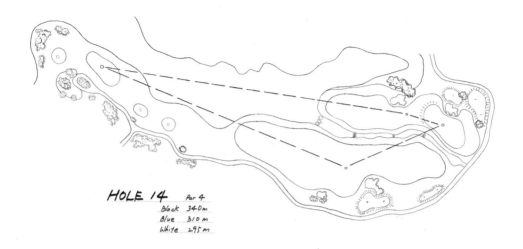

HOLE 14 Par 4
Block 340m
Blue 310m
White 295m

14번 홀 평면도

벽이 숨어 있으므로, 장타자의 경우 자신에게 맞는 티를 선택하지 않으면 페어웨이 너머 절벽으로 넘어갈 수 있다. 자신에게 맞는 티를 선택해 페어웨이가 끝나기 전 공간으로 티 샷을 보내거나 좌측 페어웨이 벙커를 과감히 넘겨야 한다.

후반에서 기억에 남는 홀 중 하나는 14번, 파4홀이다. 이 홀의 길이는 챔피언십 티에서 340m, 화이트 티에서 295m이다. 최초 설계 도면에는 그린 우측 중앙에 얕은 개울이 없었다. 하지만 PGA 투어의 장타자들은 340m 거리도 마음만 먹으면 드라이버로 충분히 공략할 수 있기 때문에, 그린 주위의 난이도를 높이기 위해 개울을 만들었다. 많은 사람들이 프레지던츠컵에서 드라마가 연출될 수 있는 홀로 예상했기 때문에, 대회 직전 14번 홀 페어웨이 옆에는 스폰서 회사들이 경기를 구경할 수 있도록 호스피탤리티 텐트Hospitality tent[2]를 설치했다.

18번 파5홀은 최후의 순간에 극적인 모습이 연출되는 멋진 홀이다. 장타자들이 세

2 골프 대회 시 기업 스폰서들을 위해 코스 내 플레이 지역을 제외한 부지에 세우는 휴식 공간

위부터 14번 홀 페어웨이와 개울 ⓒ JNGCK, 10번 홀 ⓒ JNGCK

18번 홀 © JNGCK

컨 샷으로 그린을 공략할 때 정교하지 못하면 그린 왼쪽의 낮은 페어웨이에서 어려운 오르막 칩 샷을 해야 한다. 또는 그린 전방 벙커에 빠질 경우 높은 벙커턱을 넘겨 핀을 공략해야 한다. 이러한 설계자의 의도는 정확하게 2015년 프레지던츠컵을 통해 드러났다.

　2015년 프레지던츠컵은 아시아 최초이자 대한민국 최고의 골프 이벤트였다. 그때까지만 해도 아시아에서 미국의 대표팀과 유럽을 제외한 전 세계를 대표하는 팀이 4일간 5라운드 매치 플레이로 경기가 열린 적이 없었다. 미국, 호주, 남아프리카공화국과 캐나다에서만 열렸던 대회가 한국에서 열리는 역사적인 사건이었다. 이런 국제 대회를 개최하는 데는 수년 전부터 많은 준비가 필요했다. 대회에 앞서 미국의 PGA 투어는 JNGCK 18개 그린 모두를 뜯어 고쳐야 한다고 조언했다. 일반 대회는 4일 동안 4개의 홀컵 위치가 필요한 반면, 프레지던츠컵은 총 5라운드의 경기가 열리는 탓에 5개의 홀컵 위치가 필요했다. 하지만 JNGCK의 그린은 굴곡이 심해 PGA 투어에서 원하는 조건을 충족할 수 없었다. 결국 우리는 그들의 요구를 받아들여 18개 그린을 보수했고, 성공적으로 대회를 치렀다.

국제 대회를 준비하려면 눈에 띄는 부분뿐 아니라 눈에 보이지 않는 부분까지도 완벽해야 한다. 선수와 갤러리의 이동 동선, 주차 면적 확보는 물론이고, 선수들의 니즈를 충족시키기 위한 교통, 숙소, 음식 등에 대한 세심한 준비, 스폰서 회사들이 만족스럽게 고객을 맞이하도록 독립되고 차별화된 서비스와 공간, 코스 관리 상태를 최고 수준으로 끌어올려야 하는 책임, 갤러리들의 쾌적하고 즐거운 관람을 위한 다양한 시설물 설치, 비상 시 수만 명의 갤러리와 선수들을 코스 밖으로 대피시키는 계획, 세계 각국에서 온 미디어를 관리하는 역할 등 각 분야의 전문가들이 한마음이 되어 혼신의 힘을 다해야 한다.

2015년 10월에 열린 제11회 프레지던츠컵은 마지막 팀의 마지막 홀, 마지막 어프로치 샷까지 결과를 알 수 없는 접전이었다. 마지막 싱글 매치는 한국의 배상문 선수와 미국의 빌 하스의 대결이었다. 이 홀의 설계 의도대로, 세컨 샷으로 그린을 공략한 두 사람의 볼은 각각 그린 좌측 전방의 페어웨이와 우측 전방의 벙커에 빠졌다. 나를 포함한 현장에 있던 수천 명의 한국 갤러리들은 배상문 선수가 칩 샷을 홀컵에 붙이기를 바랐다. 그러나 엄청난 부담감을 극복하지 못한 배상문 선수는 실수했고, 빌 하스는 벙커 샷을 잘 마무리해 미국팀에게 우승을 안겼다. 전 세계의 이목이 집중된 대회의 결과는 대성공이었다. 대회 기간 4일 동안 10만 명이 넘는 갤러리들이 송도를 방문했고, 전 세계 226개국에 32개 언어로 방영돼 10억 가구 이상이 시청하는 결과를 얻었다. 대회가 열리기 전 국내외 많은 관계자들이 운영진의 경험 부족과 갤러리 에티켓을 우려했는데 이는 쓸데없는 걱정이었다. 한국의 갤러리들은 경기에 방해되지 않도록 에티켓을 잘 지켰고, 편파적으로 자기 팀을 응원하던 과거 대회와 달리, 미국 팀에게도 아낌없는 박수를 보내는 성숙한 문화를 보여 찬사를 받았다. 또한 JNGCK는 송도 신도시와 함께 국제 대회를 개최하기에 적합한 최고의 장소라는 평가도 받았다. 개인적으로는 골프 클럽 운영을 가까이서 경험하고, 국제 대회를 최고의 전문가들과 함께 준비하는 값진 시간이었다.

Bonus Hole

한국의 골프 관련 사업 중 세계적으로 이름을 알린 브랜드는 골프선수를 제외하면 스크린 골프의 선두 주자인 골프존 정도일 것이다. 그러나 그 외에 대회 스폰서십과 국제 비즈니스 포럼을 통해 이름을 알린 기업이 있다. 2010년부터 4대 메이저 대회의 하나인 디 오픈 챔피언십을 후원한 두산 그룹이다. 필 미켈슨이 모델로 나와 밥캣Bob Cat 중장비를 활용해 홀인원을 하는 TV 광고는 아직도 눈에 선하다.

'우리는 당신의 미래를 지금 이 순간 만들고 있습니다.Build your tomorrow today.'라는 슬로건으로 유명해진 두산은, 디 오픈 기간에 영국에서 두산 글로벌 비즈니스 포럼을 개최했다. 메이저 챔피언십은 세계의 이목이 집중되는 만큼 이때 최고의 비즈니스 리더들이 모이는 이벤트를 여는 것은 확실한 성공을 보장하고, 주최사의 이미지를 격상시킬 수 있는 훌륭한 기획이었다. 참으로 폭넓은 시각이라고 생각한다.

난 이런 글로벌 비즈니스 포럼의 성공 사례를 프레지던츠컵을 통해 송도에서도 재현하고 싶었다. 프레지던츠컵을 준비하면서 또 하나의 중요한 이벤트를 기획했다. 국제 규모의 행사를 주최할 수 있는 송도IBD에서 글로벌 부동산 골프 포럼을 개최하자는 아이디어로 두 가지 토픽을 다루었다. 첫 번째는 '통일 한반도가 아시아와 세계의 부동산 판도를 어떻게 변화시킬 것인가?'라는 주제였고, 두 번째는 'DMZ를 어떤 방식으로 보존하고 개발해 전 세계인이 축복하는 생태 관광 자원으로 만들 것인가?'였다. 전 세계의 미디어가 한자리에 모이는 국제 골프 이벤트에서 이런 컨퍼런스를 했을 때의 시너지는 무한할 것으로 믿었다. 이를 위해서 과거 DMZ 관련 연구를 했던 유명 건축가, 각종 NGO 단체, 컬럼비아 대학의 지구 연구소 등에 연락했고, 다양한 자료를 수집했다. 하지만 수개월 후 아이디어를 정리해 JNGCK의 최대 주주인 스탠 게일 회장에게 전달했을 때 그의 반응은 이랬다. "준, 정말 그럴듯한 아이디어지만, 현재 우리 회사의 상황으론 실현 불가능한 프로젝트네. 또한 우리는 한반도의 정치적인 이슈에 개입하고 싶은 생각은 없다네." 회사에서는 내가 대회 준비에만 집중해 주기를 원했고, 난 꼭 이루어져야 하는 일이라면 기회는 다시 찾아올 것이라 믿으며 위안을 삼았다.

남해 절벽 위에 세워진
감성의 공간

|

South Cape Owners Club 사우스 케이프 오너스 클럽

2007년《조선일보 스타일》에 '오상준의 골프스케이프'라는 제목의 기사를 연재할 때였다. 일 년 넘게 세계 각국의 골프코스와 문화를 소개하는 글을 기고하던 중 편집장으로부터 전화가 왔다. 내 글을 읽고 날 만나고 싶어 하는 사람이 있다고 한다. 스타일 매거진의 클라이언트로 국내 유명 패션 기업의 오너라는 정보만을 듣고, 난생처음 독

사우스 케이프 전경 © South Cape Owners Club

클럽하우스 © South Cape Owners Club

자와 미팅을 하게 됐다. 강남의 어느 힙한 프렌치 비스트로에서 만나자는 연락을 받은 후, 이 미스터리한 오너에 대해 궁금증이 밀려왔다. 어느 정도 나이가 있는 기업의 오너라면 당시 젊은 사람들에게 '잇 플레이스'로 알려진 프렌치 비스트로보다는 조용하고 일반적인 음식점에서 만나자고 했을 거란 생각이 들었다. 청담동의 작고 어두컴컴한 비스트로에서 만남은 이루어졌다. 60대 중반으로 보이는 그는 첫눈에도 남다른 패션 감각과 눈빛을 지니고 있었다. 골프에 관한 대화를 하며 식사를 마칠 즈음, 그는 내게 남해로 1박 2일 여행을 가자고 제안했다. 골프도 치고 근처에 멋진 땅도 구경하자는 말에 나도 흔쾌히 동의했다.

그로부터 몇 주 후, 그와 그의 아내와 함께 경남 사천으로 향하는 비행기를 탔다. 그는 어릴 적부터 물을 좋아해서 현재 사는 집도 한강이 내려다보이는 곳이고, 남해의 골프장 안에 위치한 별장도 바닷가에 가장 가까운 곳으로 구입했다는 얘길 들으며 그의 별장에 도착했다. 다음 날 오전 라운드를 마치고 한 시간 정도 차로 이동해 남해의 섬 중 하나인 창선도에 갔다. 멀리서 보기에도 바다를 끼고 굽이쳐 돌아가는 해안 지형의 형태가 예사롭지 않았다. 소나무 숲이 빽빽이 들어서 바다로 돌출한 부지의 안쪽까지 들어가 볼 수는 없었으나, 한시라도 빨리 지형도 위에 코스를 배치해 보고 싶은 욕구가 생기는 곳이었다. 이런 천혜의 부지에 골프 리조트를 만들겠다는 사람이 내 옆에 있다는 사실도 믿기 힘들었다. 서울로 돌아와 지형도 위에 코스를 배치해 보던 중 그와 다시 만났다. 최고의 작품을 만드는 작업을 함께해 보지 않겠냐는 제안이었고, 나의 역할은 설계자를 선정하고 프로젝트를 관리하는 일이었다. 맡은 업무가 직접 설계하는 일이 아니어서 아쉬웠으나, 당시 재직 중이던 회사에 프로젝트 관리를 맡기면 전담하겠다고 대답했다. 그 후로는 그를 다시 만날 기회가 없었다.

그로부터 6년 후인 2013년에 남해 사우스 케이프를 방문하게 됐다. 과거 이곳이 자연 그대로였을 때 오너와 방문했던 기억이 떠올랐다. 기대를 한껏 안고 도착한 리조트는 클럽하우스 입구에서부터 놀라움을 감출 수 없었다. 당시 세계적으로 활발히 활동 중인 조민석 건축가가 설계한 클럽하우스와 조병수 건축가가 설계한 호텔과 클리프 하우스는 국내에서 보기 힘든 디테일과 완성도를 갖추고 있었다. 6년이라는 시간 동안 설계자와 오너는 수많은 고뇌와 시행착오 끝에 한반도 남쪽에 세계적인 건축 조형물을 탄생시킨 것이다. 점점 코스에 대한 궁금증이 커졌다. 이런 안목으로 선정한 코스 설계자는 과연 어떤 작품을 구현했을까?

코스 설계자의 능력을 평가할 때 활용하는 나만의 기준이 있다. 그중 하나는 소위 '브릿지 홀Bridge hole'들이 얼마나 잘 설계되었는가이다. 설계자가 코스 부지를 대할 때 어떤 공간은 자연스럽게 홀을 배치할 수 있는 곳이 있다. 파3, 파4, 파5에 딱 들어맞는 크기와 형태로 마치 전부터 홀이 들어서기를 기다린 것 같은 땅을 말한다. 이런 곳은 설계자가 실수만 하지 않으면 꽤 괜찮은 홀을 앉힐 수 있다. 문제는 이런 홀과 홀 사이의 공간을 어떻게 채워 넣어 18홀을 연결하느냐에 있다. 카일 필립스는 그의 명성에 걸맞게 이런 과제를 멋지게 해결했다. 전반 9홀 중 4번 홀과 7번 홀이 브릿지 역할을 한다. 4번 홀은 처음 오프닝 스트레치인 3개 홀과 개성 넘치는 파5인 5번 홀을 연결시키는 브릿지 홀이다. 좁고 짧은 공간에 파3홀을 배치하면서도 대충 넘어가지 않고, 숏 아이언의 정확도를 테스트할 수 있는 홀을 만들었다.

7번 홀은 절벽 위에서 바다를 건너 치는 환상적인 6번 홀과 클럽하우스로 돌아오는 관문인 8번 홀 사이의 고저차를 극복해야 한다. 여기서 그는 페어웨이 벙커의 위치를 전략적으로 설계해, 절대로 지루하지 않고 억지스럽지 않은 파4 브릿지 홀을 창조했다.

후반 9홀은 클리프 탑Cliff Top 코스의 세계적인 명품이라 부르기에 손색이 없다. 골프 코스의 역사에서도 사례를 찾아보기 힘든 최고의 스트레치는 12번 홀부터 16번 홀까지 쉼 없이 계속된다. 아름다운 남해의 끝없는 파노라마를 눈에 가득 담을 수 있는 3개 홀은 14번 파3홀에서 절정에 이른다. 페블 비치의 7번 홀에 견주어도 부족함 없는 14번 홀 그린에서 다음 홀로 이동하면, 끝난 줄 알았던 감동이 다시 시작된다. 좌측으로

14번 홀 © South Cape Owners Club

15번 홀 © South Cape Owners Club

굽은 15번 케이프 홀Cape hole[1]의 페어웨이로 바다를 가로질러 티 샷을 하는 짜릿함을 맛본 후 16번 홀에 도착하면, 깎아지른 절벽의 커브 끝에 섬세하게 조각된 그린이 기다리고 있다. 몬터레이 반도의 사이프러스 포인트Cypress Point 16번 홀을 포함한 세계적인 파3홀과 어깨를 나란히 하는 16번 홀을 마치고 나머지 홈 스트레치를 끝내고 나면, 마치 잘 만든 영화 한 편을 본 듯한 만족감과 감동이 가슴을 가득 채우게 된다.

지금까지 나는 사우스 케이프를 총 4번 방문했다. 두 번째 방문은 2015년 호주의 유명 코스 평론가인 다리우스 올리버Darius Oliver와, 세 번째 방문은 2019년 가을 스코틀랜드에서 온 세계 100대 코스 패널 동료인 사이먼 홀트Simon Holt와 함께였다. 두 번 모두 오너인 정재봉 사장과 함께 라운드를 하고 뮤직라이브러리에서 음악을 들었다. 코스 설계자를 선정한 기준에 대해 물었을 때, 그는 미국의 탐 도욱과 카일 필립스 사이에서 고민했으나, 결국은 함께 고민하며 작품을 만들 수 있고 거칠음과 정제됨 사이의 미를 추구하는 설계자를 원했다고 한다. 나는 "그렇다면 세인트 앤드류스의 킹스 반스를 설계해 세계 100대 코스로 만든 카일 필립스로 결정한 것은 훌륭한 선택이었다."고 하니, 그도 자신의 결정에 만족한다고 말했다. 사우스 케이프는 2020년 1월 미국의 골프다이제스트가 뽑은 미국을 제외한 세계 100대 코스 리스트에서 9위를 차지했다.

클럽하우스와 골프코스, 벽과 천장 및 바닥, 맛깔스런 음식과 남해의 맑은 공기, 사우스 케이프의 모든 것은 디테일이 살아 있는 잘 만들어진 예술품 같다. 한국에도 밴던 듄스의 마이크 카이저나 카우리 클리프의 줄리안 로버트슨 같은 열정적인 인물이 있고, 그의 미적 감각이 세계적인 리조트 디벨로퍼의 감각보다 월등하다는 사실이 골프와 예술을 사랑하는 한 사람으로서 뿌듯했다.

---

1   가로질러야 하는 워터 해저드 너머로 페어웨이가 비스듬히 위치해, 더 멀리 넘겨 칠 수록 그린까지의 거리가 짧아지는 히로익 홀, 케이프는 3면이 바다에 둘러쌓인 지형을 일컫는 단어

사우스 케이프에서 놓쳐서는 안 될 몇 가지의 경험이 있다. 그중 하나가 예술 작품이다.

· 바다로 향해 있는 옥외 로비에서 방문객을 맞이하는 톰 프라이스Tom Price의 블루 멜트다운 벤치와 블랙 멜트다운 의자이다. 마치 바로 앞 바다에서 건져 올린 성게 같은 모습을 하고 있다.

· 클럽하우스 내부, 라커룸으로 들어가는 동선에 매달려 있는 리처드 아치버거Richard Artschwager의 '호기심의 케비닛'은 갈색 헤지호그 같은 까슬까슬한 텍스춰가 독특하다.

· 레스토랑 안에는 문범 작가의 'slow, same' 시리즈가 푸른 바다를 사랑하는 오너의 취향을 잘 말해 준다.

· 리조트 곳곳에서 리처드 얼드만Richard Erdma의 볼란테Volante를 감상할 수 있다. '하늘을 날듯이 빠르고 경쾌하게'라는 뜻처럼 사우스 케이프에서 최고의 힐링을 경험한 이들에게 집으로 돌아가는 발걸음을 경쾌하게 만든다.

뮤직라이브러리 또한 반드시 들러야 하는 공간이다. 이곳에서 1930년대 만들어진 웨스턴 일렉트릭의 진공관 스피커로 슈베르트의 '아베 마리아'를 들어보길 권한다. 노을 지는 하늘 아래 잔잔한 남해바다와 잘 어울리는, 피아노 반주가 곁들인 조수미나 바바라 보니 Barbara Bonney가 부른 '아베 마리아'를 추천한다.

18번 홀과 호텔 리니어 스위트 © South Cape Owners Club

03

더 넓은 골프의 세계로 연결시켜 준
아홉 번째 다리

|

The Club at Nine Bridges 클럽 나인 브릿지

2017년 1월, CJ에서 연락이 왔다. 2017년부터 10년간 PGA 투어 정규 대회를 제주 The Club at Nine Bridges이하 나인 브릿지에서 개최한다는 내용을 알리며, 함께 일해 보자는 제안이었다. 10년 전 나인 브릿지 라운딩을 해 본 후, 한국에서 유일하게 세계 100대 코스에 오른 명성을 알고 있었고, 평소 남자 선수들을 적극 후원하고 골프에 무한한 지원을 아끼지 않는 기업이었기에 고민 없이 수락했다. 내가 속한 CJ건설 리조트 기획팀은 다양한 프로젝트를 계획하고 있었다. 제주도에 세워질 국내 최대 규모의 럭셔리 글램핑 리조트를 포함한 다양한 골프, 레저 관련 신규 사업 개발, 국제 대회 준비와 PGA 투어와의 협업, 기타 나인 브릿지 해외 홍보 등등.

THE CJ CUP @ NINE BRIDGES이하 THE CJ컵의 2017년 초대 대회는 최고의 성공을 거두었다. 연장전까지 가는 접전 끝에 미국의 저스틴 토마스Justin Thomas가 우승 트로피와 함께 170만 달러 상금을 획득했고, 세계 랭킹 1위에 오르는 영광도 차지했다. 제주도에서 열린 대회임에도 전국에서 3만 5천 명의 갤러리가 내방했고, 전 세계 200여 개 나라에 중계돼 나인 브릿지와 제주도의 아름다움을 알리는 계기가 되었다. 한라산을 배경으로 그림 같은 코스를 감상한 갤러리들은 대회 3개월 전까지만 해도 이곳이 어떤 모습이었는지 알 수 없을 것이다. 대회 당해년도 봄철에 잔디 병해를 입어 페어웨이와 그린이 대회를 치를 수 없는 상태로 악화됐다. 페어웨이와 그린 대부분이 검게 썩어 들어가는 '피시움'이란 곰팡이 균이 코스에 퍼진 것이다. 그때 PGA 투어의 잔디 전문가와 문제 해결을 위해 3개월 동안 동분서주했다. 회복 불가능한 지역을 새로운 잔디로 교체하기 위해 봉평, 이천, 여주의 묘포장을 답사했고, 결국 경북 합천에서 적절한 잔디를 구해 제주로 실어 날랐다. 그와 함께 제주에서 한 달 반 동안 룸메이트로 지내며 매일 새벽에 일어나 코스를 한 바퀴 돌면서 개선책을 논의하고, 제주도의 코스 관리팀과 필드에서 함께 일했다. 난 왜 코스 잔디를 회복시키는 일까지 관여했을까? 지금 생각해 보면, 그건 코스를 아꼈기 때문이었다. 완벽한 코스 없이는 대회가 불가능하다는 것을 알았고, 바닥까지 떨어진 코스 관리팀의 사기를 북돋아 대회를 성공적으로 개최하기 위해 무엇이든 해야겠다는 마음으로 그들과 함께했다. 결국 기적처럼 잔디는 회복됐고, 세계 최고의 선수들로부터 PGA 투어 코스 중 최고라는 찬사도 받았다. 코스 관리팀은 대회 직후 한국을 떠나는 PGA 투어의 잔디 전문가에게 진심이 담긴 선물을 했고, 그곳에 있던 모든 사람이 눈물을 흘렸다. 진정한 리더십은 존중과 경청, 솔선수범에서 나온다는 값진 배움을 얻었다. 데니스 잉그람Dennis Ingram은 아직도 내가 꼽는 세계 최고의 잔디 전문가이자 리더이며, 나의 가장 가까운 미국인 친구이다.

'훌륭한 골프코스는 골퍼의 가슴 속에 뿌리를 내린다.'

잘 설계된 코스는 골퍼를 생각하게 만든다. 처음 코스를 만났을 때 어떤 플레이를 해야 하는지 고민하게 하는 코스는 그리 많지 않다. 그러나 드물게 이런 기회를 제공하는 코스는 고민의 결과가 성공이든 실패든, 분명 골퍼의 마음속에 자리 잡고, 다시 찾아오고 도전하게 한다. 플레이를 할 때마다 보상이 다른 코스야 말로 훌륭한 코스라 불릴 자격이 있다. 도전을 마다하지 않는 골퍼는 스코어가 잘 나오는 만만한 코스보다 형편없는 샷에는 가혹한 시련을 주고, 계획대로 된 멋진 샷에는 달콤한 보상을 주

왼쪽부터 3번 홀, 4번 홀, 8번 홀

는 코스에 더욱 매력을 느낀다. 아마도 이런 마음가짐을 한 사람이라면 인생에서 맞닥
뜨리는 다양한 도전의 순간에도 대범하고 정직할 수 있을 것이다. 나인 브릿지는 나의
마음속에 이러한 뿌리를 내린 코스이다.

  나인 브릿지는 스코틀랜드의 글렌이글스를 닮았다. 한라산 중턱, 해발 600m에 둥
지를 튼 골프코스는 제주도의 오름과 오름 사이에 위치해 평화롭고 아늑한 느낌마저
준다. 2001년 개장한 코스는 한국 최초로 티에서 그린까지 한지형추운 지방 잔디인 벤트
그래스를 도입해 사계절 내내 최고의 플레이 환경을 보장한다.

  라운드를 거듭할 수록 묘미가 살아나는 나인 브릿지 코스의 매력은 전반 3번 홀에
서 시작된다. 파5홀은 널찍한 페어웨이와 그린 콤플렉스 Green complex[1] 덕에 대회 기간
중 가장 쉽게 플레이된 홀이었다. 하지만 아마추어에게는 한라산을 처음으로 보여 주
는 인상적인 홀이자, 그린 전방에 현무암 가득한 건천乾川을 넘겨야 하는 까다로운 홀
이다.

1 그린의 퍼팅 면과 벙커를 포함한 그린 주변 지역

　4번 홀 역시 한라산을 배경으로 좌측으로 휘어진 짧은 파4홀이다. 이 홀도 그린 45m 전방을 가로지르는 건천 때문에 티 샷은 200m 전후로 보내야 한다. 대부분의 골퍼들은 드라이버를 잡지 않아도 되는 홀이다. 하지만 그린 주위 공간이 협소하고 우측이 아웃 오브 바운드 지역이기 때문에 세컨 샷의 정확도가 매우 중요한 홀이다. 대회의 통계를 보더라도 페어웨이 안착률이 가장 높았던 반면 그린 적중률은 최하인 재미있는 홀이다.

　전반 9홀 중 내가 가장 좋아하는 홀은 8번 홀이다. 330m 파4홀로 티 샷이 주는 어려움은 없으나 그린이 잘 설계됐다. 페어웨이에 안착한 티 샷은 보통 100m 안쪽의 어프로치 샷을 남긴다. 정확한 웨지 샷을 할 수 있다면 버디를 쉽게 할 것으로 예상하기 쉬우나, 뒤로 갈수록 높아지는 그린 도입부에 작은 혹같이 생긴 굴곡이 있어 자로 잰 듯 정교한 샷이 아니면 예상치 못한 방향으로 굴러가게 된다. 티잉 그라운드부터 보이는 그린은 마치 지평선을 만들며 하늘과 맞닿은 것 같아 무척 아름답지만 결코 만만하게 볼 수 없는 매력이 있다.

　하이랜드 코스라 불리는 후반 9홀은 매 홀 특색 있고 전략적인 홀로 가득하다. 산악

지대로 올라가는 느낌을 주는 터프한 10번 홀은 바람이 많이 부는 날에는 한없이 길게 느껴진다. 이후 등장하는 11번 홀은 후반 9홀 중 골퍼들을 가장 많이 생각하게끔 만든다. 티잉 그라운드부터 그린까지 우측에 있는 개울의 어느 지점을 넘기느냐에 따라, 세컨 샷의 공략 위치가 확연히 달라지는 히로익 홀이다. 자칫 처음 온 골퍼가 좌측으로 안전을 도모하다가 러프에 빠지거나 숲으로 들어갈 수 있는 위험이 도사리고 있다. 지난 경험을 토대로 과감한 도전을 하게 하는 홀이 바로 11번 홀이다.

12번 홀은 페어웨이 좌측으로 용와이 오름의 아늑함을 주는 파5홀이다. 경우에 따라선 티 샷과 그린을 공략하는 페어웨이 우드 샷 모두 블라인드 샷일 수도 있는 반면 이글을 노려 볼 수도 있는 홀이다.

장타자들이 좋아하는 14번 홀은 티 샷으로 그린을 공략할 수 있다. 선수들뿐 아니라 아마추어도 화이트 티에서 우측 페어웨이 벙커를 정밀하게 넘겼을 때, 러프나 벙커를 피해 그린에 올릴 수 있는 짜릿함이 있다.

좌측 15번, 우측 11번 홀 © Gary Lisbon

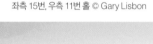

나인 브릿지의 코스를 논할 때 가장 많이 언급되는 홀은 18번 홀이다. 티잉 그라운드에 서면 명확히 구분되는 두 개의 길이 있다. 페어웨이 가운데에 있는 작은 소나무 군락의 좌측을 겨냥해 최고의 장타를 날릴 것인지 아니면 안전하게 페어웨이 우측을 공략해 세 번에 나누어 그린을 공략할 것인지 선택해야 한다. 이런 특성 덕에 'THE CJ 컵 대회'에서 가장 많은 이글이 나온 홀이기도 하다. 일각에서는 18번 홀의 시그니처인 아일랜드 그린 콤플렉스의 규모를 줄여서라도 난이도를 높여야 한다고 하지만 나는 반대 입장이다. 나인 브릿지는 19년 역사를 이어 온 회원제 골프클럽이다. 한시적인 기간 동안 열리는 대회를 위해, 회원들의 마음속에 오래도록 자리 잡은 18번 홀 그린의 이미지를 바꾸는 것은 옳지 않다. 차라리 더 현명한 방법은 이 홀을 파4로 바꾸는 것이다. 그러면 선수들에게 이 홀은 이글을 노리다가 버디를 쉽게 하는 홀이 아니라, 어렵게 그린을 공략한 후 파를 해도 만족스러운 라스트 홀이 될 것이다. 전 세계적으로도 파71로 메이저 챔피언십을 개최한 경우는 많기 때문에, 대회만을 위한 파71 코

좌측 18번, 우측 10번 홀 © Gary Lisbon

스로 조정하는 것처럼 경제적이면서도 현명한 방법은 찾기 힘들 것이다.

'THE CJ컵'은 초대 대회부터 매년 나에게 소중한 추억을 만들어 주었다.

2017년은 제주의 코스 관리팀과 PGA 투어의 전문가들과 함께 어려운 고비를 넘기며 돈독한 관계를 맺은 한 해였다. 2018년 대회 때는 회사의 요청으로 시상식 사회를 보게 되었다. 시상식 일주일 전에 받은 갑작스런 제안에 무척 당황했으나 큰 실수 없이 영어와 한국어를 번갈아 하며 대회 우승자인 브룩스 켑카의 시상식을 잘 마무리했다. 또한 대회 기간 중에 내가 맡은 기획팀에서 아시아퍼시픽 지역의 골프 발전을 위한 국제 골프 세미나인 '나인 브릿지 포럼'을 처음으로 개최했다. 세계 각국 골프 업계의 리더들을 초청해 '골프 인구 증대와 지속 가능한 골프 경영'이란 주제로 이틀간 진행됐다. 이 국제 골프 세미나는 프레지던츠컵을 통해 이루지 못했던 꿈을 작게나마 실현한 경험이었다. 한국의 골프 문화가 훌륭한 선수들을 배출하고, 스크린 골프라는 독특한 장르를 개발한 것 외에도 아시아 지역의 골프 발전을 위해 노력하고 있다는 메시지를 널리 전달할 수 있었다. 그런 노력은 2019년 제2회 나인 브릿지 포럼을 통해 다시 한 번 확인됐다. 향후 이 포럼이 아시아 지역에서 가장 훌륭하고 영향력 있는 골프 포럼으로 발전할 수 있기를 기원한다.

나인 브릿지 코스에는 총 8개의 다리가 있다. 그렇다면 이름 그대로 '나인 브릿지의 9번째 다리'는 어디에 있을까? 클럽에서는 그것이 '회원과 클럽을 연결해 주는 보이지 않는 다리'라고 말한다. 그러나 나에게 있어 나인 브릿지의 9번째 다리는 나라는 사람을 더 넓은 골프의 세상으로 연결시켜 준 의미로 다가온다. 나를 전 세계의 골프 전문가들과 연결시켜 주었고, 그들과의 교류를 통해 한국만의 특색 있고 열정적인 골프 문화를 알리고, 동시에 그들의 성숙한 골프 문화와 전문성을 배울 수 있는 기회를 제공해 주었다. 또한 내가 지난 20년간 수많은 난관을 극복하며 걸어 온 골프의 길을 앞으로도 계속 이어 가도록 도전과 용기를 선물했다.

2019년 가을, 세계 최고 권위의 골프 미디어인 미국의 골프매거진은 나의 경험과 전공, 무엇보다도 골프를 향한 열정을 높게 평가해 나를 '세계 100대 코스 선정 위원'으로 임명했다. 나의 인생 설계는 내가 사랑하는 골프 안에서 계속될 예정이다. 전 세계 골프 애호가들이 각자의 취향에 맞는 골프코스를 선택할 수 있도록, 세계 100대 코스에 관한 다양하고 흥미로운 골프 스토리를 준비 중이다. 15년 전 귀국행 비행기 안에서 다짐했던 것처럼, 내가 하는 일을 통해 많은 골퍼에게 즐거움을 주고, 한국 골프의 지평을 넓히기 위한 노력이 결실을 맺기를 소망한다.

나인 브릿지 포럼

THE CJ CUP @ NINE BRIDGES

2017
CHAMPION

Justin Thomas

C-20

18번 홀 그린과 8번째 다리

아직 끝나지 않은
'인생이란 항해'의 새로운 목표를 꿈꾸며

과거 한 잡지에 미국의 골프코스에 대한 글을 쓴 적이 있다. 위스콘신주의 유명 리조트에 관한 글이었는데, 어머니 절친 중 한 분이 나의 글을 읽고 그곳에 가서 플레이하셨다는 얘기를 들었을 때 많은 보람을 느꼈다. 그 후 내가 가 본 세계의 아름다운 코스들을 알리는 일을 하고 싶었고, 대중들이 골프 문화에 대해 더 많은 관심을 가질 수 있도록 '마이 골프 레시피'라는 골프 문화 가이드북을 계획했다. 처음부터 내 인생에 대한 에세이를 쓰려고 한 건 아니었다. 하지만 책을 기획하는 과정에서 20년 세월 속에 묻혀 있던 경험들이 눈앞에 생생히 떠올랐고, 과거 사진들과 추억들을 뒤적이며 매일한 편씩 나의 경험담을 일기처럼 쓰다 보니 한 권의 에세이가 되었다.

골프가 우리에게 주는 혜택은 무엇일까?

앨리스터 맥켄지 박사는 자신의 병원에 찾아온 환자들에게 자기를 병원에서 다시만나고 싶지 않다면, 당장 골프를 시작하라고 했다. 탁 트인 초원에서 맑은 공기를 마시며 반나절을 무언가에 집중할 수 있는 기회는 많지 않다. 나이와 운동 신경과 관계없이 남녀노소 함께 즐길 수 있는 스포츠도 마찬가지이다. 하지만 골프는 이 모든 게 가능하다. 골프는 우리를 자연과 연결시켜 주고 사람과 연결시켜 준다. 상처받은 인간을 치유할 수 있는 가장 훌륭한 특효약을 모두 포함하고 있다.

15년 전 영국에서 귀국하는 비행기 안에서 다짐한 나의 인생 목표는 골프를 통해 많은 사람들을 즐겁게 해 주고, 그 과정을 통해 한국 골프 문화의 지평을 넓히는 것이었다. 내 손으로 골프를 통해 사람과 자연, 사람과 사람을 연결시키는 일, 그리고 전 세계인들을 한국으로 오게 하는 일이 가능할까?

나는 환경운동가도 정치인도 아니다. 그러나 나는 '세계 100대 코스 선정 위원'이라는 내게 주어진 기회를 통해 전 세계의 많은 사람들에게 나의 관심사를 이야기하고 그들의 관심을 불러일으키고 싶다.

이를 가시화하기 위한 방법으로 두 가지를 계획하고 있다.

첫째, 세계 50대 친환경 골프코스 랭킹을 만들 것이다. 환경을 복원하고 녹지를 창조하며 지속 가능한 관리를 통해 모범적인 사례를 실천하고 있는 세계 각국의 골프코스를 답사하고, 나의 글을 통해 골프와 자연 친화의 필요성을 널리 알리기 위함이다.

둘째, 한반도 내 DMZ의 천혜 자원을 보존하고 접경 지역을 개발하는 프로젝트를 골프 산업과 접목시키는 방법을 연구할 것이다. 나는 이미 2005년도에 프레지던츠컵을 준비하면서 이와 관련해 미국 컬럼비아 대학의 지구 연구소(Earth Institute) 측에 공동 프로젝트 추진에 대한 의사를 타진해 본 경험이 있다. 이런 경험을 현실화해 세계에 한반도 상황을 알리고, 향후 세계 평화의 상징적인 장소로 DMZ를 활용하는 계획을 구체화하고 싶다.

우리나라는 세계에서 유일한 분단국가이다. 남과 북 사이에는 비무장지대 DMZ가 65년 넘게 숨 쉬고 있다. 역사상 유래를 찾아볼 수 없는 야생 지역인 이곳을 앞으로 어떻게 보존하고 활용할 것인가는 우리에게만 주어진 숙제가 아니다. 1990년 11월 9일 베를린 장벽이 무너졌을 때, 이 사건은 단지 독일인만의 축제가 아닌 자유를 수호하는 전 세계인들의 축제였다. 이러한 축제가 한반도에서도 가능하다. 향후 남북의 교류가 활발해지고 상호 간의 신뢰를 기반으로 협력이 이뤄진다면, DMZ에 전 세계인들이 즐길 수 있는 골프 커뮤니티와 리조트를 건설하는 일을, 뜻을 함께하는 사람들과 계획해 보고 싶다.

끝으로 지난 20년간 골프를 통한 여정에서 내게 기회를 주고 용기를 북돋아 준 모든 분들께 뒤늦게나마 지면을 빌어 감사를 드린다. 특히 골프 저널리즘으로 나를 이끈 정혜정 누님과 故 우영민 선배에게 감사드린다. 이 책이 나오기까지 진심으로 애써 주신 센시오 김재현 대표님, 시간여행 김경배 대표님과 짧은 일정에도 최고의 작품을 만들기 위해 혼신의 노력을 해 주신 김주연 실장님과 유경아 실장님, 그리고 출간을 위해 격려와 후원을 아끼지 않은 신민경 전무님께 감사의 뜻을 전하고 싶다. 끝없는 걱정과 사랑으로 나를 키워 주시고 골프로 이끌어 주신 부모님께도 사랑과 감사를 드린다. 마지막으로 이 책이 씨앗을 품고 자라 탄생하는 순간까지 언제나 내 곁을 지키며 먼저 글을 읽어 주고 용기를 준 K에게 마음 깊은 곳에서부터 무한한 감사와 사랑을 전한다.

골프 용어 가이드

1. 코스의 유형

위치, 지형의 순서로 분류했다. 골프코스는 18홀 내에서도 홀의 유형이 단일하지 않고 복합적인 경우가 많다. 예를 들면, 대표적인 클리프 탑 코스인 페블 비치나 사이프러스 포인트는 내륙의 홀 들이 파크랜드 코스의 성격을 띤다. 네덜란드의 로열 헤이그 골프 클럽은 위치상 해안 듄스로 분류했으나, 이곳 역시 내륙의 홀들은 파크랜드 성격이 강하다. 결론적으로 코스의 유형은 18홀을 돌고 나서 가장 기억에 남는 대표적인 홀의 구성으로 정의된다.

① 해안

링크스Links — 해안선과 내륙 사이에 위치한 해안 사구 지역을 지칭하는 용어. 스코틀랜드에서는 이곳에 위치한 골프코스를 링크스라 부른다. 영국과 아일랜드 해안에 널리 분포돼 있으며, 미국 뉴욕주의 롱아일랜드와 호주의 모닝턴 반도 및 태즈메이니아 섬 등에서 발견할 수 있다. 주로 자생하는 한 지형 잔디를 관리해 골프코스로 활용한 사례가 많다. 대표적인 코스로는 영국의 세인트 앤드류스 올드 코스, 노스 베릭, 마크리

링크스: 마크리하니시 골프 클럽

하니시, 로열 도넉, 로열 카운티 던과 미국 롱아일랜드의 내셔널 골프링스 오브 아메리카, 호주의 반부글 듄스 등이 있다.

해안 듄스Ocean Dunes — 링크스와 구별하지 않는 경우가 많으나 위치와 식생 및 환경이 엄연히 다른 코스이다. 링크스보다 내륙 쪽에 위치하며 대부분 토목 공사를 수반하거나 잔디를 새롭게 심어 조성한 경우가 많다. 미 오리건주의 밴던 듄스나 사우스캐롤라이나주의 키아와 아일랜드, 호주의 더 내셔널, 네덜란드의 로열 헤이그 등이 있다.

클리프 탑Cliff Top — 전체 홀 중 1/3 이상이 해안 절벽 위에 위치해 플레이 전략에 지대한 영향을 주고 방문객의 기억에 강한 인상을 주는 코스. 미국의 페블 비치와 사이프러스 포인트, 캐나다의 캐봇 클리프, 뉴질랜드의 카우리 클리프, 한국의 사우스 케이프 오너스 클럽 등이 있다.

②내륙

파크랜드Parkland — 홀과 홀 사이에 수목이 있는 특성의 코스. 링크스와 달리 전면적인 코스 공사가 필요하며, 지속적인 조경 관리

해안 듄스: 더 내셔널 골프 클럽, 무나 코스

클리프 탑: ⓒ 사우스 케이프 오너스 클럽

파크랜드: 우정 힐스

가 필수이다. 초기에는 파크랜드였던 코스가 오랜 기간 수목이 자라 울창해진 경우도 많다. 미국의 파인밸리, 파인허스트, 뮤어필드 빌리지, 어거스타 내셔널, 스페인의 발데라마, 한국의 안양 베네스트, 우정 힐스 등이 있다.

히스랜드Heathland — 헤더Heather 낮은 지대에 나는 야생화, 골스Gorse 가시금작화와 같은 지피, 관목류 등이 자생하나 경작이 불가능한 산성 사질 토양에 지어진 코스. 영국 런던 근교 서리 지역의 서닝데일, 월튼 히스, 호주 멜버른 근처에 위치한 로열 멜버른과 킹스턴 히스가 있다.

무어랜드Moorland — 히스랜드와 비슷한 산성 사질 토양이나 고도가 높은 구릉 지역에 분포한다. 스코틀랜드의 글렌이글스나 블레이드 힐스가 있다.

마운틴Mountain/숲Forest — 산림 속에 자리한 코스. 캐나다의 벤프 스프링스, 미국 콜로라도주의 브로드무어와 웨스트버지니아주의 그린 브라이어, 한국의 클럽 나인 브릿지, 세이지우드 컨트리 클럽 등이 있다.

히스랜드: 월튼 히스

무어랜드: 글렌이글스

마운틴/숲: 세이지우드 컨트리 클럽

습지대Wetland ━ 미 사우스캐롤라이나와 플로리다주, 호주 브리즈번의 습지대에 분포한 코스. 사우스캐롤라이나의 힐튼 헤드 아일랜드, 키아와 아일랜드 리조트의 오스프리 포인트, 플로리다의 올드 코크스크류 등이 있다.

습지대: 올드 코크스크류

내륙 듄스Inland Dunes ━ 해안과는 동떨어진 내륙 지역에 위치하나, 잔디 생육 조건에 적절한 배수가 잘 되는 사질 토양의 부지 위에 만든 코스. 미국 네브래스카주의 샌드 힐스, 캔자스주의 프레이리 듄스, 위스콘신주의 코흘러 리조트 아이리시 코스 등이 있다.

내륙 듄스: © Kohler Resort

③ 불모지

폐광·폐채석장Ex-Mines & Ex-Quarries ━ 버려진 폐광이나 채석장을 활용한 골프코스. 미국 미시건주의 베이 하버 골프 클럽, 말레이시아의 마인즈 리조트 등이 있다.

폐광·폐채석장: © Bay Harbor Golf Club

매립지Land Fill ━ 해안이나 쓰레기 매립지 위에 코스를 조성한 사례. 프랑스 파리 근교의 르 골프 내셔널, 미국 뉴저지주의 리버티 내셔널과 한국의 JNGCK가 있다. 세 곳 모두 라이더컵, 프레지던츠컵의 무대였다.

매립지: 르 골프 내셔널

사막Desert — 미국의 네바다와 애리조나주, 중동의 사막에 건설된 코스. 미국의 트룬 노스, 섀도우 크리크, 데저트 마운틴과 중동의 야스 링스, 두바이 더 컨트리 클럽 등이 있다.

사막: 데저트 마운틴

화산Volcanic — 미국 하와이와 중국 하이난의 화산 지형에 있는 코스. 현무암 지대가 아웃 오브 바운드나 해저드의 역할을 한다. 화산형 코스는 클리프 탑의 성격을 띠기도 한다. 하와이의 후아라라이, 마우나 키아, 와일레아 골프코스와 하이난의 미션 힐스 리조트, 샹킹 베이 골프 클럽 등이 있다.

화산: 샹킹 베이 골프 클럽 © John Cornish

2. 홀의 유형

전통적으로 홀의 종류는 벌칙, 영웅, 전략, 프리웨이 형으로 구분했다. 그리고 많은 이들이 이를 여과 없이 받아들였다. 홀의 유형에 대해 심각하게 고민해 본 사람이라면 모든 홀은 그 유형과 관계없이 플레이어가 선택한 다양한 전략이 수반됨을 알 수 있다. 하나의 홀에서도 티 샷과 어프로치 샷의 전략이 달라질 수 있다. 이런 골프의 다양한 특성 때문에, 골프 홀의 유형은 재정리될 필요가 있다. 포리스트 리처드슨Forrest Richardson이 2002년 개정한 저서《Routing the Golf Course》에서 정의한 홀의 유형은 나의 생각과 많은 부분 일치한다.

① 벌칙 형Penal ─ 크로스 해저드를 넘겨야만 그린에 도달할 수 있는 홀
예) 사우스 케이프 오너스 클럽 16번 홀

벌칙 형, 영웅 형 © 사우스 케이프 오너스 클럽

② 영웅 형Heroic ─ 플레이 방향에 사선으로 놓여 있는 러프나 해저드를 넘겨, 더 멀리 건너 칠수록 그린까지의 거리가 짧아지는 홀
예) 사우스 케이프 오너스 클럽 15번 홀

우회 형 © JNGCK

③ 우회 형Detour ─ 플레이 지역 중앙에 위치한 해저드가 그린까지 짧은 직선 방향의 공략 옵션과 긴 우회로 옵션을 명확히 구분하는 홀
예) JNGCK 14번 홀

레이업 형 © Gary Lisbon

④ 레이업 형Lay Up ─ 티 샷이나 그린 어프로치 샷을 의도적으로 해저드 직전에 레이업할 수 있는 옵션이 있는 홀
예) 나인 브릿지 18번 홀

오픈 형

⑤ 오픈 형Open ─ 티잉 그라운드에서 그린까지 아웃 오브 바운드를 제외한 특별한 해저드가 없는 홀
예) 세인트 앤드류스 올드 코스 18번 홀

⑥ 일반 형Generic ── 위 5가지 유형에 속하지 않는 모든 홀. 홀의 진행 형태는 직선형과 도그레그 형태가 있으며, 벌칙 형과 레이업 형의 크로스 해저드, 영웅 형의 사선형 페어웨이, 우회 형의 중앙 해저드로 분리된 페어웨이가 없는 홀이다. 벙커를 포함한 해저드의 위치는 다양하며, 골퍼는 상황에 맞춰 적절한 전략으로 홀을 공략하게 된다.

골프로 인생을 설계할 수 있다면

1판 1쇄 인쇄 | 2020년 4월 30일
1판 2쇄 발행 | 2020년 6월 05일

지은이 | 오상준
펴낸이 | 김경배
펴낸곳 | 시간여행
협 찬 | 주식회사 키에프오
편 집 | 김주연
디자인 | Design IF
등 록 | 제313-210-125호 (2010년 4월 28일)
주 소 | 경기도 고양시 덕양구 지도로 84, 5층 506호(토당동, 영빌딩)
전 화 | 070-4350-2269
이메일 | jisubala@hanmail.net

종 이 | 화인페이퍼
인 쇄 | 한영문화사

ISBN 979-11-90301-06-0

※ 이 책의 내용에 대한 재사용은 저작권자와 시간여행의 서면 동의를 받아야만 가능합니다.
※ 이 도서의 국립중앙도서관 출판예정도서목록(CIP)은 서지정보유통지원시스템 홈페이지(http://seoji.nl.go.kr)와
   국가자료공동목록시스템(http://www.nl.go.kr/kolisnet)에서 이용하실 수 있습니다. (CIP제어번호 : CIP2020017513)
※ 잘못 만들어진 도서는 구입한 곳에서 바꾸어 드립니다.